용기가 생명을 위험한 지경으로 몰고 갈 수도 있듯이,
공포심이 때로는 생명을 지켜줄 때도 있다.
레오나르도 다빈치

내일은 두 개의 조종관이 있다. 하나는 믿음의 조종관이요,
다른 하나는 두려움의 조종관이다.

드왓

가장 쓸데없는 것이 탄식이다.
무엇을 얻을까 하여
눈을 두리번거리기 전에 우선은 탄식을 버려라.
세네카

독립할 기력이 없는 자는 반드시 남에게 의존한다.
남에게 의존하는 자는 반드시 사람을 두려워한다.
사람을 두려워하는 자는 반드시 남에게 아첨한다.

후쿠자와 유키치

심리학이 불안에 답하다

심리학이 불안에 답하다

펴낸날 2022년 5월 10일 1판 1쇄

지은이_황양밍, 장린린
옮긴이_권소현
펴낸이_김영선
책임교정_이교숙
교정교열_정아영, 남은영, 이라야
경영지원_최은정
디자인_바이텍스트
마케팅_신용천

펴낸곳 (주)다빈치하우스-미디어숲
주소 경기도 고양시 일산서구 고양대로632번길 60, 207호
전화 (02) 323-7234
팩스 (02) 323-0253
홈페이지 www.mfbook.co.kr
이메일 dhhard@naver.com (원고투고)
출판등록번호 제 2-2767호

값 16,800원
ISBN 979-11-5874-148-8 (03180)

감정을 다스리는
심리 수업

심리학이
불안에
답하다

황양밍·장린린 지음
권소현 옮김

PSYCHOLOGY
answers
ANXIETY

미디어숲

불안을 다스리는
심리수업

심리학을 연구하는 이들은 인류의 감정을 이해하는 데 관심과 열정을 쏟는다. 그중에서도 특히 고민하는 분야는 심리학의 지식과 방법으로 자신과 다른 사람의 감정을 조절하고 바꾸는 방법이다.

심리학에서 '감정'에 관한 문제는 인지 심리, 사회 심리, 발달 심리, 임상 심리 등 다양한 영역에서 등장한다. 또한 책이나 전문가의 강좌, 워크숍 등 우리 삶 어디에서든 만날 수 있는 주제다. 하지만 감정이란 사람들에게 가장 익숙하면서도 가장 낯선 주제이기도 하다. 이렇게 감정 관련 주제가 인기를 끈다는 것은 어떤 측면에서는 사람들이 감정의 본질과 운영 기제를 낯설어하고, 심지어 인식 부족으로 감정 경험을 두려워하거나 배척한다는 의미로도 볼 수 있다.

심리학적 관점에서 보면, 감정은 심신 건강과 행복한 생활의 중요한 기초다. 조미료에 비유하자면 소금, 설탕, 고춧가루 등을 들 수 있다. 이 재료들은 음식의 맛을 내기 위한 필수 재료여서 부족하면 음식의 맛이 밋밋하고 매력이 떨어진다. 하지만 또 너무 많이 넣으면 원재료 본연의 풍미를 해칠 뿐더러 건강에도 해롭다. 조미료는 적절하게 사용해야 맛과 건강을 모두 고려한 요리가 탄생한다. 인류의 수많은 감정 중 '불안'도 이와 마찬가지다. 과도한 불안은 고통스럽지만 불안을 너무 느끼지 않아도 인생의 방향과 동력을 잃는다.

심리학은 오랜 세월 인간의 여러 감정을 연구해 왔으며 그간 쌓인 풍부한 연구 성과로 자신과 다른 사람의 감정을 이해하는 좌표를 제공한다. 그리고 삶에서 마주하는 여러 가지 감정의 안개를 편안히 통과하고 걱정 없이 생활하도록 돕는다.

이 책의 저자는 여러 가지 심리학 지식을 유연하게 활용해 삶의 불안과 연관된 문제에 답을 제시해 준다. 독자들도 나와 똑같이 저자의 열정과 따뜻함을 느끼고 자신에게 유용한 정보를 얻기를 바란다. 그리고 '와, 심리학은 정말 유용하구나.' 라고 느끼길 희망한다.

포랑대학교 심리학과 부교수, 임상심리학자, 여우성샹

불안하지 않은
날들을 위해

누구나 살면서 순조롭지 못한 시기가 있다. 학생 때는 시험 점수가 낮아 괴로워하기도 하고, 입사 후에는 승진이 되지 않거나 자신의 기량을 발휘할 수 없어 답답해하기도 한다. 그런데 왜 어떤 사람들은 마냥 불행해 보이고, 어떤 사람들은 운이 좋은 것처럼 보일까?

중요한 것은 종종 찾아오는 시련이나 좌절을 과연 '어떤 태도로 마주하는가'이다. 자신이 무엇을 얻었는지, 어떤 손해를 입었는지에만 치중한다면 왜 이 좋은 기회를 놓쳤는지 답답해하면서 불행할 수밖에 없다. 반대로 자신의 본분을 다하고 일확천금의 기회에 매달리지 않으며 본인의 인생에 깜짝 선물이 끊이지 않는다고 생각하면 스스로 운이 좋다고 여기게 된다.

나는 지금은 여러 상황을 담담히 받아들이며 순리를 거스르지 않는 삶을 살고 있지만, 어린 시절엔 긴장한 채 하루하루를 사는 아이였다. 초등학교 1학년 때는 저녁 8시에 잠자리에 들지 않으면 다음 날 학교에 늦을까 봐 바짝 긴장했고, 비둘기가 질병을 옮길 수 있다는 뉴스를 본 후에는 비둘기만 보면 멀리 도망가기에 바빴다. 너무 많은 일을 지나치게 따지고 들면서 내가 무엇을 얻고 무엇을 잃는지에 집착해 불안한 하루하루를 살았다.

노력이 성공으로 이어지는가는 '인연'에 달려 있다. 무언가를 얻었다고 해서 반드시 좋은 것도 아니고, 얻지 못했다고 해서 꼭 안 좋으리란 법도 없다. 얻음과 잃음에 너무 신경 쓰면 불안만 가중되어 전혀 도움이 되지 않는다.

하지만 얻음과 잃음을 담담하게 보는 것이 그리 쉬운 일은 아니다. 사회에 존재하는 수많은 규칙, 눈에 보이지 않는 관행은 모두 얻는 것과 잃는 것에 관련되어 있기 때문이다. 우리는 이 얻고 잃음을 중시하는 제도에 갇혀 있다.

나는 이제야 이 이치를 깨달았다. 하지만 만약 누군가 나보다 더 젊을 때 이 이치를 받아들인다면 인생에 더 많은 변화가 일어나지 않을까 기대하며 나의 인생 경험과 대중 심리학 분야의 성과를 정리했다.

여러분의 인생 단계는 각자 다르겠지만 이 책의 도움을 받고 조금이라도 일찍 불안하지 않은 삶을 시작하길 바란다.

저자 홍양밍

잠자리에 들기 전, 하루를 검토하라.
양심과 성실이라는 점에서 기뻐할 만한 일이었는지를,
불안과 회한처럼 무기력한 것은 아니었는지를,
사랑하는 사람의 이름을 부르라.
증오와 부정을 고요히 고백하라.
모든 악한 것의 중심에서 부끄러워하라.
어떤 그림자도 침상까지 가져가는 일이 없도록 하라.
모든 근심을 마음에서 제거해 버려라.
영혼이 오래 편안하도록 하라.

헤르만 헤세

차례

PSYCHOLOGY
answers
ANXIETY

감정은

왜 불안에

영향을 줄까?

불안과 감정은 전혀 다른 문제일까?

불안은 감정과 밀접한 관계가 있다.

즐거운 사람은 불안한 상태에 잘 빠지지 않지만,

괴로운 사람은 쉽게 불안해진다.

감정은 왜 불안에 영향을 줄까?

당신의 불안 수준은
'적정 불안'인가?

문제를 하나 내겠다. "불안은 과연 쓸모 있는 감정일까?"

대부분은 이렇게 답할 것이다.

"당연히 쓸모없죠. 불안하면 잘 먹지도 자지도 못하고 내내 걱정만 하잖아요. 가능하다면 영원히 불안 없이 살면 좋겠어요."

맞다. 불안은 견디기 쉬운 감정은 아니다. 하지만 틀렸다. 불안은 전혀 쓸모가 없는 감정이 아니기 때문이다. 인류가 진화할 때 불안은 기본적인 감정 중 하나로서 긍정적인 영향과 부정적인 영향을 미쳤다. 무엇보다 불안의 긍정적인 요소는 활용하고, 쓸모없는 불안은 관리하여 부정적인 영향을 피하는 것이 중요하다.

먼저 불안의 장점은 무엇이고 어떤 역할을 하는지 살펴보자.

불안은 인류를 보호하는 안전 기제로서 인류가 진화하는 수백만 년 동안 인류와 공존했다. 어떻게 보면 우린 불안이 필요하다. 철학자 마틴 하이데거Martin Heidegger는 이렇게 말했다.

"이 세상에서 생존하기 위해 우리는 불안해야 한다."

마틴 하이데거는 매일 아침 일어나 아이를 학교에 보내고, 출근하고, 회사 동료들과 소통하는 등의 일들이 우리의 모든 시간과 에너지를 점거한다고 여겼다. 그는 이 점거를 '함락'이라고 표현한다. 간단히 말해서 사람들은 정신없이 하루하루를 보내느라 삶의 진정한 의미를 찾는 일을 소홀히 하거나 멈춘다. 그런데 불안이라는 감정이 생기면 그때서야 우리는 자아를 감지하고, 과거를 다시 한번 돌이켜 생각해 보게 된다.

마틴 하이데거가 말한 '함락'을 심리학 용어로 바꿔 표현하면 가장 익숙하고 편안하게 머무를 수 있는 곳, '안전지대Comfort zone'이다. 하지만 계속 안전지대에 머무른다면 우리는 발전할 수 없다. 그런데 불안은 이러한 안전지대를 뛰쳐나갈 기회를 제공한다.

적정한 불안의 쓸모

1908년, 심리학자 로버트 여키스Robert M. Yerkes와 존 도슨John D. Dodson은 자극과 성취도에 관련된 유명한 실험을 했다. 두 사람은 실험용 쥐에게 임무를 주었는데 쥐가 임무를 완수하면 전기 충격을 피할 수 있고, 임무를 완수하지 못하면 전기 충격을 가했다. 그들은 여러 강도의 전기 충격을 이용했고, 그 결과 쥐는 중등 강도의 전기 충격에 가장 빠르게 임무를 달성해 낸다는 사실을 발견했다.

실험이 끝난 후 두 연구자는 거꾸로 된 U자형 곡선으로 자극과 성취도 간의 관계를 나타냈다. 그 후 거꾸로 된 U자형 곡선은 사람들의 스트레스, 불안 등 관련 분야에 대거 활용되었다.

위의 실험처럼 불안과 성취도는 밀접한 관계가 있다. 불안의 정도가 낮으면 성취도도 낮았다. (이건 이해하기 쉽다. 곧 시험이지만 전혀 긴장하지 않는다면 시험을 잘 보지 못할 것이다.) 반대로 스트레스와 불안의 정도가 높으면 성취도도 점점 높아졌고, 불안이 특정 수준에 이르면 최고의 성적을 낼 수 있었다. (이 역시 이해하기 어렵지 않다. 스트레스를 어느 정도 받으면 시험을 열심히 준비할 것이다. 적절한 수준의 스트레스는 더 우수한 성과를 달성하는 효과를 낳는다.) 하지만 불안이 적정 수준을 넘어서면 스트레스가 과도하여 성취도가 낮아진다. 즉, 과도한 불안을 느끼면 사람은 심리적으로 위축되고 두려

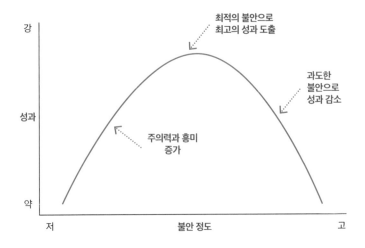

움이 쌓인다. 연구자들은 최고의 성과를 불러일으킬 수 있는 수준의 불안을 '적정 불안'이라고 정의했다. 그것은 '건설적이고 창의력을 자극하는 불편함'으로 작용한다.

위의 그림에서 보듯이 적정한 불안은 안전지대를 벗어나 미래를 준비하도록 도와준다. 하지만 과도하고 무익한 불안과 스트레스는 경계해야 한다. 과도한 불안과 스트레스 상태에 놓이면 미래를 두려워하고 과거에 집착해서 문제를 해결하지 못할 뿐 아니라 문제 해결을 위한 최적의 시기를 놓칠 수 있다. 작가 나탈리 골드버그Natalie Goldberg는 이렇게 말했다.

"스트레스는 일종의 무지 상태다. 스트레스가 쌓이면 모든 일이 매우 긴박하다고 생각하지만 사실 그렇게 중요한 일은 없다."

쓸모없는 불안을 효과적으로 관리하는 방법은 무엇일까? '감정의 재해석'과 '생각의 전환'이라는 두 방법을 소개하고자 한다.

방법 1. 감정의 재해석

쓸데없는 불안은 출구를 찾을 수 없는 거대한 감옥과 같다. 맹목적인 불안 상태를 벗어나고 싶다면 불안 너머에 있는 정보를 해석하고 현재의 문제를 구체화하여 무엇에 갇혀 있는지 정확히 알아야 한다.

예를 들어 불경기 때문에 회사가 곧 감원을 단행할 것이라는 소문이 들려온다. 이를 알게 된 당신은 자신이 감원 대상은 아닌지, 만약 해고되면 다른 일자리를 찾을 수 있을지 몰라 혼란스럽고 온종일 불안하다. 이때 소문의 진위를 확인하려고 애쓰기보다는 마음을 가다듬고 불안의 배후에 어떤 정보가 전달되는지 해석하는 편이 낫다. 자신에게 이렇게 물어보자.

-무슨 일이 발생했는가?
-난 무엇을 걱정하는가?

-해고된 후 재취업하지 못할까 봐 두려운가?

-나의 부족한 능력이 걱정되는가?

질문하고 답을 찾다 보면 불안해하고 혼란스러워하기보다는 뭐라도 하는 게 낫다는 생각이 든다. 일자리를 잃을까 봐 걱정된다면 이력서를 다시 준비해서 구직 사이트에 올리거나 친구에게 일자리 소개를 부탁해 본다. 부족한 실력이 걱정된다면 시간을 투자해 자기계발을 해서 대체 불가능한 인적 자원이 되도록 노력한다.

상황을 정리하고 나면 목적 없는 번뇌와 근심 속에서 무엇을 해야 하는지 명확히 알게 된다. 맹목적인 불안은 어느새 행동을 유도하는 압박감으로 변해 문제를 구체화하고 계획을 세우게 한다.

불안 자체는 새로운 불안을 불러올 뿐이라는 점을 기억해야 한다. 어쩌면 다른 일 때문에 불안한 감정에 빠졌고, 불안해하는 자신을 보며 더 불안해진 것일지도 모른다. 이럴 때는 자신과의 대화를 통해 불안의 배후에 숨어 있는 정보를 재해석하고 현재의 감정에서 벗어나 '어떻게 해야 하지?'를 '앞으로 무엇을 해야 하는가?'로 바꿔야 한다. 오래 생각해도 소용없다. 행동하라. 그래야 자신을 도울 수 있다.

방법 2. 생각의 전환

사람들은 왜 감정에 좌지우지될까? 사람들의 잘못된 신념이 감정을 좌우한다고 판단한 심리학자 알버트 엘리스Albert Ellis는 ABC 이론을 제시했다.

- -A : 일상에서 갑자기 일어나는 일이나 마주친 사람, 즉 돌발 사건이다. (예를 들어 상사가 면담을 요청하는 일.)
- -B : 그 일에 대한 자기 생각이다. (상사가 트집을 잡으려는 것 같다.)
- -C : B처럼 해석한 후 초래되는 결과다. (상사와의 관계가 불편해졌다.)

보는 바와 같이 당신의 감정 C는 A(사건 또는 사람)가 직접적으로 초래한 것이 아니라 당신의 생각인 B 때문에 발생했다. 사건을 어떻게 인식하는지에 따라 그 사건에 대한 견해가 달라지고 나아가 느낌과 행동이 달라진다. 상사가 단지 업무 진전 상황이 궁금해서 면담을 요청했다고 받아들였다면 C는 업무 진전 상황을 성실히 보고하고 상사의 피드백을 경청한 후 업무를 순조롭게 이어 나가는 결과로 이어졌을 것이다.

갑작스레 일어난 사건이나 마주친 사람 자체가 자신을 골탕 먹이고 걱정에 빠뜨리는 것이 아니라, 사건과 사람에 대한 자신의 생각과 반응이 기분을 결정한다. 한마디로 첫 단추를 끼운 사람은 나 자신이라는 말이다. 여기에서 관건은 B, 즉 '사건에 대한 나의 사고방식'이다.

그렇다면 어떤 사고방식을 가져야 할까? 우선 자주 범하는 생각의 오류를 몇 가지 알아보자.

첫째, 정보를 객관적으로 처리하지 못해 주관적 생각에 쉽게 의존한다.

누군가 오늘 하루를 잘 보냈는지 물었다. 평범한 선의의 안부 인사지만 오늘 잘 지내지 못한 당신은 상대가 일부러 비웃으려고, 또는 시비를 걸려고 물어본 것으로 생각한다.

> **✔이렇게 해 보자**
> 일상의 크고 작은 일을 '객관적'으로 처리하도록 노력한다. 곤란한 일이 닥치면 다른 상황에서 같은 일이 일어났을 경우 똑같이 당혹스러울지 자신에게 물어본다. 자신에게 일어난 일을 친구와 공유하는 것도 좋은 방법이다. 친구는 비교적 객관적인 관점에서 의견을 제시한다.

둘째, 일을 빨리 처리하고 싶은 마음에 일의 경과도 잘 모르면서 결과를 예측한다.

사장이 시뻘건 얼굴로 찾아오자 당신은 사장의 질책을 받으리라 예상한다. 하지만 그는 기쁜 소식을 듣고 얼굴이 새빨개질 정도로 달려온 것이다.

"공은 둥글다." 일에 대한 태도도 그래야 한다. 결과는 여러 방향으로 전개될 수 있다고 생각하며 융통성을 지녀야 한다. 잘못된 방식으로 일상의 크고 작은 일을 대하는 태도를 버려야 한다.

올바른 사고방식을 갖추면 상사 앞에서 업무 부주의를 인정하는 일 같은 불안 요소도 긍정적인 방향으로 전환할 수 있다. 부주의를 초래한 원인과 책임이 무엇인지 객관적으로 분석할 수 있기 때문이다. 또 책임져야 할 부분에 대해서 개선 방안을 세울 수도 있다. 너무 수동적이고 부정적인 태도로 일을 대하지 않는다면 문제의 반은 해결한 셈이다.

이처럼 알버트 엘리스의 이론을 적용해 본다면 나쁜 감정을 조정하고 차분히 이성적으로 문제를 생각할 수 있다.

Tips 쓸모 있는 심리학 산책

미국 임상심리사 알버트 엘리스가 창안한 ABC 이론은 그의 '합리적 정서 행동치료 (Rational emotive behavioral therapy)'의 핵심 요소이다. 젊은 시절 수줍음을 많이 탔던 알버트 엘리스는 자신의 성격을 바꾸기 위해 한 달 동안 공원에서 마주치는 모든 여성과 일부러 대화를 나누며 그들을 초대하고자 했다. 하지만 백 명이 넘는 여성들 중에서 단 한 사람만 알버트 엘리스의 초대에 가겠다고 대답했다. 그리고 그마저도 그를 바람맞혔다.

하지만 알버트 엘리스는 더는 수줍음을 타지 않았고 타인의 거절을 두려워하지 않게 되었다. 이런 개인적인 경험은 그의 이론에 지대한 영향을 미쳤다. 그는 사람들이 곤경에 처하는 것은 자신의 비이성적인 판단 때문임을 깨달았다. 생각을 바꾸고 행동에 변화를 줄 수 있다면 곤경을 벗어날 기회가 찾아온다. 이 이론은 지금까지 널리 인정되고 있다.

Point

기본 감정 중 하나인 불안 자체는 좋은 것이다. 적정 수준의 불안은 우수한 성과를 유도하지만 쓸모없는 불안은 효과적으로 관리해야 한다. 이 장에서는 쓸모없는 불안에서 벗어나는 방법을 함께 생각해 보았다. 불안의 배후에 있는 정보를 재해석하여 인지를 바꾸고 비이성적인 잘못된 생각을 배제해야 한다.

요컨대 '불안'도 '역량'이 될 수 있다. 관건은 불안을 지배하고 관리하는 방법을 배워야 한다는 것이다. 기억하자. 우리 마음속의 야수는 허락 없이 날카로운 이빨을 드러내지 않는다.

😊 생각해 보기

평소 어떤 방식으로 불안에서 벗어나나요?

불안은
자기 의심에서 온다

불안과 맞서 싸울 때 마음 깊은 곳에서 이런 목소리를 들어 본 적이 있는가?

'난 안 돼', '난 부족해', '난 못 해'.

자기 의심Self-doubt은 불안의 핵심이다. 자기 의심이 마음속에서 일어나면 머릿속에 두려움이 가득 차고 불안의 소용돌이에 빠진다. 손발도 꽁꽁 묶여 결국에는 백기를 들고 항복할 수밖에 없다. 어떻게 해야 자기 의심에서 벗어나고 불안을 떨쳐낼 수 있을까?

푸런대학교에서 강의할 때 학생들에게 종이를 꺼내 자신이 평소에 가장 자주 하는 말을 적고, 그 말이 자신의 인생과 어떤 관계가 있는지 생각해 보라는 과제를 낸 적이 있었다. 그날 수업이 끝난 후 A학생이 내게 메일을 보내왔다.

평소에 자주 하는 말을 써 보라고 하셨을 때 가장 먼저 떠오른 말은 '난 안 돼'였습니다. 제 잠재의식은 부인하고 싶었지만 사실이었죠. 인턴십 할 때 담당자가 제게 새 업무를 주면 "안 돼요, 한 번도 해 본 적이 없는 일이에요."라고 말했습니다. 친구들이 새로운 것을 해 보자고 할 때도 "너희들끼리 해, 난 잘 못해."라고 말했습니다. 가족들이 제게 사회생활 좀 하라고 권하면 "나도 그러고 싶지만 나를 좋아하는 사람이 없을 것 같아."라고 말했습니다.

A학생은 부족한 점이 전혀 없는 젊은이였지만 '난 안 돼'라는 단 한마디로 자기 의심과 자기 부정에 빠져 버렸다. 우리는 왜 자기 의심에 빠질까? 어떻게 해야 자신을 믿을 수 있을까? 그 문제를 생각하던 중에 개인적으로 좋아하는 명언이 떠올랐다. 심리학자 게이 헨드릭스Gay Hendricks의 말이다.

"우리가 자신을 믿는 과정은 '깃털의 보드라운 어루만짐'일 수도 있고, '망치의 묵직한 타격'일 수도 있다. 어느 쪽이 되느냐는 전적으로 당신의 마음가짐에 달려 있다."

그의 이 시적인 표현은 무엇을 의미할까? 완고하고 폐쇄적이며 자신을 믿지 않는다면, 그건 자신에게 망치를 휘둘러 자신을 부수는 것과 같다. 반대로 호기심이 많고 개방적이며 자신감이 넘친다는 것은 마치 깃털로 어루만지듯 따뜻하고도 사랑스럽게 자신을 대하는 것이다.

자기 의심이 생기는 이유

살아가면서 '난 못 해', '난 안 돼'라고만 생각한다면 자신을 객관적이고 긍정적으로 평가하기 어렵다. 누가 나를 칭찬해도 그저 인사치레나 비웃음이라고 여기며 자신에게 한계를 설정해 수많은 가능성과 훌륭한 경험의 기회를 놓치고 만다. 이는 망치로 자신을 때리는 것이나 다름없다. 왜 그럴까? 그 배후에는 문화, 성격, 개인의 성장 배경 등 여러 원인이 존재한다. 문화적 요인을 짚어 보자.

겸손을 중시하는 동양 문화에서는 개인의 성장을 유도할 때 '억압'이나 '비난' 등의 방법으로 불안 심리를 유발해서 독려하는 경우가 많다. 타인 앞에서 자녀를 칭찬하기는커녕 결점을 들추며 다른 집 아이와 비교하는 것처럼 말이다. 외재적인 평가 방식은 내재적인 평가 방식에 영향을 준다. 이렇게 부정적으로 독려받는 시간이 길어지면 아이는 자신이 훌륭하지 못하다고 생각한다.

이와 달리 서양은 '격려'와 '칭찬'에 더 적극적이다.

나는 초등학교 6학년 때 미국으로 건너갔는데 숙제를 제대로 할 수 없었다. 하지만 선생님은 엉망진창인 내 숙제에 'very good'이라는 평가를 주었다. 사실 'very good'은 잘하지 못했을 때 받는 평가이고, 정말 잘했다면 'excellent'나 'brilliant, exceptional' 등의 표현을 쓴다는 것을 나중에야 알았다. 하지만 선생님께 칭찬을 받아 신이 난 나는 낯선 타지에서 느낄 법한 두려움과 자괴감을 겪지 않을 수 있었다.

살면서 불행히도 망치의 타격을 자주 받는다면 '가면 증후군 Imposter syndrome'에 걸릴 확률이 높아진다. 1978년 미국 심리학자 폴린 로즈 클랜스Pauline Rose Clance와 수잔 임스Suzanne Imes는 '이뤄낸 성취, 처한 상황, 타인의 인정과 관심을 소유할 자격이 없다'라고 여기는 현상을 '가면 증후군'이라고 정의했다.

이 증상이 있는 사람은 자기 의심에 빠질 수 있다. 그들은 다른 사람에게 칭찬을 받아도 자신은 사실 그렇게 뛰어나지 않으며, 칭찬한 사람이 자신에게 속고 있을 뿐이라고 여긴다. 그들은 자신이 충분한 능력이 있어서가 아니라 타인의 도움, 믿을 수 없을 정도로 좋았던 행운 등 외부 환경 덕분에 성공했다고 생각한다. 하지만 자신이 똑똑하지 않고, 능력이 없다는 생각은 거짓된 감정이다. 자신은 그렇게 부족한 사람이 아니다.

어떻게 해야 거짓된 감정을 떨쳐내고 자기 의심에서 벗어나 자신을 빛낼까? 다음에 소개할 두 가지 방법, '5초의 법칙'과 '미래의 나 상상하기'를 시도해 보자.

방법 1. 5초의 법칙

'5초의 법칙The 5 Second Rule'은 미국 베스트셀러 작가 멜 로빈스 Mel Robbins가 제안했다. 그녀는 자신의 경험을 바탕으로 의심과 두려움을 느끼거나 스트레스를 받을 때, 또는 해야 할 일을 미루고 싶을 때 1부터 5까지의 숫자를 거꾸로 세면 즉각 행동할 수 있다고 소개했다.

멜 로빈스는 사람들이 대부분 생각만 하며 시간을 흘려보낸다고 여겼다. 어떤 일을 긴 시간 들여 생각만 한다면 결국 그 일을 끝내지 못할 가능성은 커진다. 이 부분은 어른들이 어린이들을 보고 배워야 한다. 일전에 아이들과 함께하는 행사에 간 적이 있었는데 진행자가 질문하면 모든 아이가 대답하고 싶어 안달이 난 것처럼 바로 팔을 쭉쭉 뻗어 손을 들었다. 한번은 아이들이 답을 알리가 없는 문제를 냈는데 한 아이가 손을 번쩍 들었다.

"이 문제의 답을 모를 텐데 왜 손을 들었지?" 그 아이가 천진난만하게 대답했다.

"선생님은 답을 알잖아요. 그래서 일단 손을 들었어요. 만약 제가 지명되면 선생님이 바로 답을 알려주실 거잖아요!" 그 아이의 대답에 나는 웃음이 절로 나왔다.

사실 생각이 많아지면 정말 충동이 억제되기도 한다. 그래서 홈쇼핑 등 온라인 플랫폼에서는 시간과 물량을 제한하는 행사를 실시해 고객의 충동 쇼핑을 유도하기도 한다. 그들에게 생각할 시간을 너무 많이 주면 변심할 수 있기 때문이다.

멜 로빈스는 TED 강연에서 5초의 법칙을 장려했다.
"친구가 되고 싶은 사람을 봤다면 바로 다가가서 인사하세요. 어떤 방식으로 말을 걸지, 상대가 거절하면 어떻게 할지 따위는 생각할 필요 없습니다. 지금 바로 행동하세요, 그게 맞습니다!"
온라인에서 처음으로 1만여 명을 대상으로 라이브 방송을 진행한 적이 있었다. 나는 이 방송을 앞두고 걱정이 앞섰다. 할 말이 떠오르지 않거나 참여자가 꼬리를 물고 질문을 해대는데 대답하지 못할까 봐 두려워서 도망치고 싶은 심정이었다. 하지만 '5초의 법칙'을 떠올리고는 '5'에서 '1'까지 세면서 마음을 진정한 후 준비한 강연을 훌륭하게 마칠 수 있었다.
'5초의 법칙'은 목표에 집중하도록 도와준다. 잘만 활용하면 자기 의심과 두려움에서 벗어나고 해야 할 일에 집중해 자기 의심, 우유부단, 미루기 등 나쁜 습관을 고칠 수 있다.

방법 2. 미래의 '나'를 상상하기

미래의 '나'를 상상하는 것도 좋은 방법이다. 미래의 '나'를 이용해 지금의 '나'를 이해하고 성장의 힘을 믿어 보자.

5년 또는 10년 후 내가 맞은편에 서 있다고 상상한다. 미래의 나는 지금의 내가 직면한 일을 어떻게 생각하고, 어떤 행동을 할까? 실력을 갈고닦아 한층 성장한 미래의 나는 자신감과 에너지가 넘칠 것이다. 지금의 내가 미래의 나와 함께 곤경을 이겨 낼 수 있다고 믿어 보자.

나는 어린 시절 미국으로 간 지 얼마 되지 않았을 때 말이 통하지 않아 친구를 사귈 수 없어 힘들고 무료한 시기를 보냈다. 그나마 마블 코믹스의 만화 영화를 즐겨 보았는데 그중에서도 〈스파이더맨〉을 보는 것이 최고의 즐거움이었다. 한번은 버스를 잘못 탔는데 주변 환경도 낯설고 사람들에게 길을 물어볼 담력도 없어서 잔뜩 겁에 질렸었다. 그 순간 스파이더맨으로 변신한 내가 하늘에서 내려와 나를 응원하는 상상을 했다.

'Yes, you can.(넌 할 수 있어)' 내가 스파이더맨으로 변신한 상상은 신기하게도 정말 나에게 힘이 되었다. 난 용기를 내서 서툰 영어로 길을 물었고, 마침내 안전하게 집으로 돌아왔다.

이런 상상을 가볍게 여겨서는 안 된다. 성장한 후의 자신을 상상하고 미래의 나와 유대감을 갖는 것만으로도 더 큰 믿음이 생기고 용기와 힘을 낼 수 있다.

Tips 쓸모 있는 심리학 산책

'가면 증후군'은 사회 분위기와 밀접한 관계가 있다. 사회적으로 특정 기질을 지닌 사람이 쉽게 성공한다고 여겨질 때, 그 기질이 없는 사람은 자기 부정에 빠질 수 있다. 한 연구에 따르면, 가면 증후군은 여성과 일부 사회 계층에서 많이 발생했는데 그들은 자신이 진짜 성공한 것이 아니라 자신의 부족한 실력이 드러나지 않은 '가짜'에 불과하다고 여겼다.

가면 증후군을 앓는 중요한 이유 중 하나는 자신이 성공할 만한 능력이 없다고 여길 정도로 그들의 노력이 사람들에게 널리 인정받지 못했기 때문이다.

또 성과가 뛰어날수록 가면 증후군 증상도 더 뚜렷하게 드러난다. 아인슈타인도 업적을 이룬 후 초래된 자아 팽창(ego inflation) 때문에 불안감을 느끼고 자신이 사기꾼이 된 것 같다고 친구에게 토로한 적이 있다(the exaggerated esteem in which my lifework is held makes me very ill at ease. I feel compelled to think of myself as an involuntary swindler). 가면 증후군은 현재까지 임상학적 정신병으로 분류되진 않았지만 개인의 스트레스에 주는 영향은 결코 간과할 수 없는 수준이다.

능력을 포기하는 가장 쉬운 방법은 자신에게 능력이 없다고 생각하는 것이다. 자기 의심에 빠지면 불안의 소용돌이를 맴돌아 무기력해지고 '난 안 돼, 난 자격이 없어'와 같은 거짓된 감정을 느낀다.

거짓된 감정에서 벗어나 다시 힘을 얻고 싶다면 두 가지 방법을 시도해 볼 수 있다. 하나는 숫자를 '5'에서 '1'까지 거꾸로 세면서 자기 의심을 버리고 자신에 대한 지배권을 찾아오는 행동에 나서는 것이다. 또 다른 방법은 능력 있는 미래의 나와 함께 현재 상황을 인식하고 성장의 힘을 믿는 것이다.

😊 **생각해 보기**

평소 자신에게 어떤 말을 가장 자주 하나요? 자기 의심이 들 때는 자신을 어떻게 받아들이나요?

왜 나를
용서할 수 없을까?

매일 불안한 이유를 찾자면 백 가지도 넘는다. 우리는 왜 이렇게 불안해할까? 불안의 근원은 뭘까?

감정의 근원을 깊이 파고들다 보면 거의 모든 불안의 배후에는 같은 문제가 자리하고 있다. 바로 자신과의 관계를 해결하지 못하고, 자신을 이해하거나 받아들이지 못하며 심지어 용서하지도 못하는 것이다. 자신을 배려하고 소중히 생각하는 것도 일종의 능력이다. 이는 타인을 배려하는 것보다 더 어렵다.

미국에서 박사후연구원으로 있을 때 애니Annie라는 여학생을 알게 되었다. 모두 애니를 굉장히 따뜻하고 친절한 사람이라고 생각했다. 애니는 연구실에 오면 모두에게 맛있는 간식을 나눠주었다. 매주 정기적으로 양로원에 가서 봉사활동을 하며 노인을 돌봤고 곁에 있는 친구가 어려움에 빠지면 바로 친구를 위로해 주었다.

"그건 네 잘못이 아니야. 걱정하지 마. 앞으로 좋아질 거야."

하지만 이렇게나 다른 사람에게 친절하고 배려심이 많은 애니가 정작 자신에게는 매우 엄격했다. 애니가 소규모로 진행된 내부 연구보고회에서 연구 결과를 발표한 적이 있었는데 실험 데이터의 오류가 발견되어 현장에서 지적을 당했다. 하지만 그녀는 적절히 대응했고 전반적으로 순조롭게 발표를 마무리했다. 그런데 발표를 끝낸 후 작은 실수를 했다는 이유만으로 자신은 멍청하고 쓸모없는 존재라며 자책했다.

당신도 애니처럼 타인에게는 따뜻하지만, 본인에게는 냉정한가? 타인의 부족함은 수긍하지만, 자신의 작은 실수는 용납하지 못하는가?

타인에게는 따뜻, 나에게는 냉정

'자기 자비Self-compassion' 이론을 전문적으로 연구한 심리학자 크리스틴 네프Kristin Neff는 자신과 타인에 대한 배려, 예를 들어 자신을 동정하는 것과 남을 돕는 행위는 전혀 무관하다는 사실을 발견했다. 즉, 타인에게 너그러운 사람이 꼭 자기에게도 너그러운 것은 아니다. 또 '자기 자비'가 부족한 사람은 '자기 비판$^{Self-criticism}$'을 하기 쉽다. 그들의 머릿속에서는 날카롭고 부정적으로 자신을 질책하는 목소리가 계속 울린다. 애니처럼 늘 부정적으로 자신을 질책하는 사람은 어려움이나 좌절을 겪으면 자신을 이렇게 비난한다.

'이렇게 멍청한 문제를 일으키다니, 난 루저야. 실패자라고.'

그들은 자신을 혐오하는 방식으로 스스로 변화하도록 다그쳐서 동력을 얻는다. 반대로 '자기 자비' 수준이 높은 사람을 관찰해 보면 그들에게는 다음과 같은 세 가지 장점이 있다.

(1) 자신을 진심으로 사랑하고 자신의 겉모습을 받아들인다.

: 외모나 몸매가 뛰어나지 않아도 자신의 모습을 있는 그대로 좋아한다.

(2) 부정적인 평가를 받으면 자신을 보호한다.

: '외모가 별로다', '똑똑하지 않다' 등 부정적인 평가를 들어도 상심하거나 자신을 미워하지 않는다.

(3) 자신의 능력을 믿는다.

: 자신의 능력을 믿고 인정하며 자신에게 긍정적이고 낙관적인 생각과 태도를 취한다.

자아 수용Self-acceptance이 가능하고 자신을 진정으로 사랑하는 사람은 자아와의 관계가 조화롭다. 그들은 자신을 방임하지 않고 더 나은 삶을 위해 노력하는 것을 포기하지도 않는다. 그뿐만 아니라 자기 비난Self-condemnation을 통해 자신을 공격하고 상처를 주거나 내재적인 감정 자원을 소모하지도 않는다. 이런 사람은 괴롭거나 불안해도 자기 의심에 빠지지 않는다.

그렇다면 자신을 소중히 여기는 능력을 연습으로 키울 수 있을까? 두 가지 방법으로 가능하다.

방법 1. '배우'가 아닌 '관객' 되기

각본가가 되어 나를 괴롭히는 무대에 새로운 주인공을 설정해 보자. 자신을 비난하기에 앞서 지금 겪고 있는 일을 하나의 단편 스토리라고 상상하자. 예를 들어 당신은 지금 연이은 다이어트에 실패해 자책하는 이야기의 주인공이다. 그다음에는 주인공을 '분홍 돼지'라는 별명을 가진 영화배우나 통통한 친구로 바꾼다. 그리고 자신에게 질문을 던진다.

'저 사람이 나라면 이런 상황에서 어떻게 할까?'

겪고 있는 일을 각본으로 만들고 주인공을 바꾸기만 해도 극 중에서 벗어나 배우가 아닌 카메라 밖의 방관자가 된다. 그러면 수동적으로 하던 연기를 그만두고 어느새 한 차원 높은 수준에서 자신의 인생을 바라보게 된다. 쉽게 말하면 '배우'가 '관객'으로 전환되는 것이다.

'배우'라면 배역을 맡고 극에 직접 참여해서 뜻대로 되지 않은 일 때문에 자기 비판을 해야 한다. 또 극 안에 있으므로 감정과 사실에서 자유로울 수 없다. 하지만 극 밖에 있는 '관객'이라면 다르다. 친구나 낯선 사람의 시각으로 자신을 괴롭히는 일을 다시 바라보고 현재 고통스러워하는 그 '배우'를 배려할 수 있다.

계속 다이어트를 예로 들어 보자. 주인공은 다이어트에 실패해서 힘들어하고 자신에게 벌 주려는 영화배우 '분홍 돼지'로 바뀌었다. '관객' 입장에서 보면 그녀를 위로해 줄 수 있지 않을까.

"통통해도 예쁘잖아요, 이제 다이어트는 그만해요. 그렇게 힘들어할 필요 없어요. 우리는 통통한 당신이 좋아요."

이미 앞에서도 언급했지만 자기 자비가 부족한 사람이라도 친구나 낯선 사람에게는 공감하고 배려심을 보인다. 지금 겪고 있는 이 문제가 친구나 타인에게 일어났다고 상상한다면 마치 친구에게 하듯이 자신을 위로하고 공감할 수 있다.

방법 2. 무조건적 자기 수용

스토리텔링은 입장을 바꿔 생각하고 공감하면서 자신에게 친절을 베푸는 방식이다. 하지만 이것이 임시방편처럼 느껴진다면 이번에는 자신을 무조건 받아들이는 방법을 써 보자.

자신이 똑똑하지 않고 정확하지 않아도, 뚜렷한 성과를 내지 못해도, 다른 사람에게 인정과 존중, 사랑을 받지 못해도 상관없이 아무런 조건도 걸지 말고 있는 그대로 자신을 받아들이는 것이다. 즉, 내가 강하든 약하든, 용감하든 겁이 많든, 성공했든 실패했든 자신의 모든 것을 받아들일 수 있어야 한다.

하지만 어렸을 때부터 성공을 향해 달리고 자신의 우수성을 드러내야 한다고 교육받은 우리는 자신의 겁 많고 연약하며 우둔한 면을 받아들일 수 없다. 사실 무조건 자신을 수용하는 것은 매우 어려운 일이다. 그래서 나는 두 가지 약이 들어 있는 약 상자를 준비했다.

첫 번째 약: 자신을 위한 변론

'짝사랑하던 상대에게 거절당한 건, 내가 못생겼기 때문이야.'

이런 자기 비판적인 생각이 머릿속을 스쳐 지나간다면 바로 자신을 위해 변론해야 한다.

'아니야, 그 사람은 우리가 성격이 맞지 않을 것 같아서 거절한 거야.'

'그가 나의 장점을 발견하지 못했을 수도 있지.'

'우리의 인연이 아직 닿지 않았을 수도 있어.'

'성격이 맞지 않는다', '잘 알지 못한다', '인연이 닿지 않았다' 등은 모두 자신을 위한 변론이다. 이렇게 생각하면 상처받을 가능성을 낮추고 자신에 대한 부정적인 목소리를 멈춰 스스로 공격하는 데서 벗어날 수 있다.

두 번째 약: 자존감 회복과 장점 찾기

이렇게 생각해 보자. '짝사랑하던 상대에게 거절당해서 힘들긴 해도 그게 내가 못난 사람이라는 의미는 아니야.'

타인의 의견과 평판, 또는 세상의 어떤 일을 기준으로 '나'의 전체를 정의 내리지 말고 나의 빛나는 부분을 찾아보자.

이렇게 생각할 수도 있다. '그가 나를 거절하긴 했어도 내 조건도 괜찮아. 전형적인 미인은 아니지만, 성격도 좋고 요리도 잘하고 주변 사람들에게 친절해서 나를 좋아하는 친구가 많아. 그리고 맞지 않는 사람과 조금이라도 빨리 끝내야 나와 맞는 사람과 한 걸음 더 가까워질 수 있는 거잖아. 마음을 잘 정리하고 그다음 감정을 맞이할 준비를 하자.'

자기 회복의 과정에서 자존감은 매우 중요한 역할을 한다. 자신의 뛰어난 점을 보고 자신감이 충만해지면 자신을 더 잘 포용하고 받아들일 수 있다.

Tips 쓸모 있는 심리학 산책

관객이 되어야 할 때도 있지만 적합한 배우가 되어야 할 때도 있다. 자신이 당사자라고 생각하고 각본대로 연기하지만 다른 일에 엮여서 전혀 집중하지 못해 배우의 역할을 충분히 소화하지 못하면 나비효과가 일어나듯 다른 배우에게까지 영향을 미친다.

일상에서 역할을 충실히 하는 것 말고도 심리극을 통해 적합한 배우가 되어 보는 것은 인생의 크고 작은 일에 도움이 된다. 심리극의 각본을 다른 사람이 주었든 내가 상상해서 썼든 모두 다양한 상황에서 자신이 어떤 기분이 들지, 자신의 반응이 어떤 효과를 일으킬지 점검하는 데 도움이 된다. 그러므로 상황별로 여러 각본을 쓰고 적합한 배우가 되어 다양한 버전으로 리허설 하면 새로운 영감을 얻을 수 있다.

Point

'나는 가치 있는 사람이다'라고 믿자. 나의 불완전함, 실패까지 받아들여야 진정한 자기와 하나가 되고 자유로운 삶을 영위할 수 있다. 물론 하루 이틀 만에 이룰 수는 없다. 연습이 필요하다. 수십 년간 형성된 '감정 패턴(emotional pattern)'과 신념 체계를 끊임없이 감지하고 가다듬어야 한다.

우리는 결국 '반드시 어떻게 해야 하는 나' 그리고 '부족한 것투성이인 나'와 화해해야 한다. 이 모든 일의 근원은 자기 자신을 사랑하는 것이다. 자기를 사랑하는 법을 알아야 불안과 마주하고 불확실성과 공존하며 당당히 살아갈 수 있다.

이제 자신에게 불만이 쌓이고 비난하고 싶을 때는 자신의 이야기를 스토리텔링하고 '관객'이 되어 보거나 나를 무조건 받아 주자. 그렇게 과거는 내려놓고 현재를 받아들여 나 자신과 화해하자.

☺ 생각해 보기

친구의 관점에서 자신의 단점을 적어 보세요. 친구라면 나의 결점에 대해 어떤 이야기를 해 줄까요?

내가
선택하는 감정

　우리 머릿속에 있는 분노, 슬픔, 두려움, 까칠, 소심 등 다섯 가지 감정을 주인공으로 한 영화 〈인사이드 아웃〉을 본 적이 있는가? 과연 태어날 때부터 그런 감정이 우리 머릿속에 존재했는지 생각해 보자.

　겁이 나면 동공이 확장되고 심장이 빠르게 뛰듯 감정마다 특징적인 표현 방식이 있을까? 미국 드라마 〈라이 투 미〉처럼 표정을 식별하면 감정도 읽어 낼 수 있을까?

　위의 두 질문에 한번 답해 보자. 대다수가 '예'라고 대답할 것이다. 아이는 태어난 순간부터 울기 시작하고, 어머니가 달래 주면 웃는다. 그래서 자연스레 감정은 당연히 선천적이라고 생각한다.

기분이 좋으면 웃고, 슬프면 운다. 너무 당연하지 않은가.

그러나 두 질문에 대한 답은 '아니오'다. 왜일까? 감정은 대뇌에 선천적으로 존재하는 것이 아니라 진화를 통해 스스로 만들어내는 것이기 때문이다.

조금 의아하지 않은가? 게다가 감정은 통일된 기준도 없고 문화마다 감정에 대한 해석도 다르다. 감정에 특정된 표현 방식이 꼭 있는 것도 아니다. 슬플 때 반드시 눈물을 흘리고, 눈살을 찌푸리며 눈빛이 흐려지는 것이 아니라는 말이다. 따라서 표정만으로 감정을 제대로 식별하기는 어렵다. 어떠한가. 지금까지 생각하던 감정에 대한 인식이 조금은 달라졌는가?

'감정'이란 무엇일까?

대학 시절 미국의 저명한 심리학자 엘리자베스 로프터스Elizabeth Loftus와 캐서린 케첨Katherine Ketcham의 공저 『우리의 기억은 진짜 기억일까』에서 저자는 법원 심리 사건에 참여한 적이 있는데 많은 중년 여성이 어린 시절 아버지 또는 친척에게 학대당한 경험이 있다고 밝혔다.

그런데 어떻게 된 일일까? 엘리자베스 로프터스는 신중히 연구를 진행한 결과 학대당한 기억은 해당 여성들이 만들어낸 것이었음을 밝혀냈다. 일과 가정에서 실패와 좌절을 겪은 여성들은 상담

그룹에서 들었던 다른 사람의 이야기를 자신의 이야기라고 생각했다. 또 최면 요법을 진행하는 과정에서 자신의 실패가 유년 시절의 학대 때문이라고 착각했다는 것이다.

이 책을 읽었을 때 나는 선뜻 이해되지 않았다. 학대 같은 사건은 감정이 매우 격해지는 일인데 어떻게 잊어버리거나 왜곡될 수 있을까? 이 의문을 계기로 나는 감정에 관한 연구를 시작했다.

나는 연구 윤리를 지켜야 하므로 누군가를 극도의 우울함에 빠뜨리는 상처를 주면서까지 연구할 수는 없다. 그래서 심리학 연구를 진행할 때는 기쁨, 슬픔, 분노 등 감정을 나타내는 표정 카드나 감정을 표현하는 단어를 사용하는 등의 대체법을 자주 사용했다. 그래서 감정 요소가 담긴 소재가 피연구자에게 어느 정도 영향을 주는 것 같지만 '이 효과가 감정 때문이라는 것을 어떻게 확신하죠?'라는 의혹을 받기도 했다. 그럴 때마다 인정하고 싶지 않지만 할 말이 없었다.

감정 연구 2.0 버전의 시대

미국 심리학회 회장이자 나의 박사후연구원 과정 지도 교수인 리사 펠트만 바렛Lisa Feldman Barrett을 만난 후 감정에 대한 나의 인식은 완전히 바뀌었다. 플라톤에서 아리스토텔레스까지, 프로이트에서 다윈까지, 심지어 근대 이후의 모든 심리학 연구를 포함해 지금껏 배웠던 감정에 관한 지식이 1.0 버전이라면, 리사 펠트만 바렛 교수의 감정 이론은 완전히 새로운 2.0 버전이다. 기존 버전과 새로운 버전은 어떻게 다를까?

기존의 감정 연구 1.0 버전은 다음과 같이 판단한다.

첫째, 감정은 유발되는 것이다. 즉, 외부의 자극 때문에 감정이 발생한다.

둘째, 쾌락, 분노, 슬픔 등 소위 기본적인 감정이 있다.

셋째, 특정 감정에는 특정 반응이 있다.

이후 리사 펠트만 바렛 교수는 30여 년간의 연구를 통해서 2.0 버전의 새로운 감정 이론을 제시했다.

그녀의 주장에 따르면 감정은 태어날 때부터 만들어진 것이 아니며 수동적으로 유발되는 것이 아니라 우리의 대뇌가 만들어내는 것이다. 기본 감정이라는 것도 존재하지 않으며 감정으로 인해 표출되는 반응 역시 고정불변하는 것도 아니다.

다소 이해하기 어려울 수 있으니 예를 들어 보자. 어린 시절 학교에서 당신이 싫어하는 장난꾸러기 학생이 몰래 등에 종이쪽지를 붙여 놓은 것을 알았을 때, 화가 머리끝까지 난 당신은 당장 그를 쫓아가 따질 것이다. 그런데 곰곰이 생각해 보면 학생의 장난 자체보다는 자신의 성격, 습관, 관념, 기억을 기반으로 그 학생의 장난을 해석한 후 '분노'라는 감정을 신속히 만들고 표현한 것이었다. 좋아하는 친구가 등에 종이쪽지를 붙였다면 그저 웃고 넘어갔을지도 모른다. 따라서 분노라는 감정은 장난 자체가 유발한 것이 아니라 스스로 만들어낸 것이다.

감정의 노예가 아닌 주인으로

감정은 천성적으로 가지고 태어나는 것도 아니고 유발되는 것도 아니다. 우리의 대뇌가 어렸을 때부터 받은 교육, 과거 경험 등을 이용해 눈앞에 일어난 일을 해석하고 그 사건에 대한 감정 반응을 만들어낸다. 그래서 같은 일을 겪더라도 사람마다 감정과 반응이 다른 경우를 종종 본다. 어떤 사람은 회사에서 해고당해도 그 일로 교훈과 경험을 얻으며 또 좌절 속에서도 용기를 얻는다. 반면 자신의 처지를 비관하고 부정하다가 자신을 폄하하고 자포자기하는 사람도 있다. 사람마다 동일한 사건에 대한 해석과 만들어낸 감정이 다르기 때문이다.

한 번 더 강조하자면 감정은 태어날 때부터 지닌 것이 아니라, 우리의 대뇌가 만들어내는 것이다. 이건 기뻐할 만한 이야기다. 내가 감정의 진짜 주인이며 나쁜 감정은 피하고, 나에게 유리한 긍정적인 감정을 많이 만들어낼 수 있다는 말이기 때문이다.

긍정적인 감정을 만들기 위해 구체적으로 무엇을 해야 할까? 리사 펠트만 바렛은 『감정은 어떻게 만들어지는가?』를 통해 몇 가지 방법을 소개했다.

방법 1. 신체 컨디션 관리는 필수

상투적이라고 생각할지 모르겠지만 건강 유지는 정말 중요하다. 특히 감정을 잘 관리하고 싶다면 더욱 그렇다. 생리적인 불편함 때문에 부정적인 감정이 생기는 경우도 많기 때문이다. 예를 들어 한여름에 밀크티를 사기 위해 이글거리는 태양 아래 한참 동안 줄을 서면 덥고 지친다. 이럴 때는 작은 일에도 화가 쉽게 난다. 또 전날 밤 불면증으로 잠을 설치고 출근하면 업무를 보다가 동료와 마찰이 일어나기 쉽다. 이런 일이 생기면 신체 컨디션이 문제인데, 심리적으로 어딘가 불편해서 부정적인 감정이 생겼다고 오해하곤 한다.

건강을 유지하려면 '몸에 좋은 음식 섭취, 꾸준한 운동, 충분한 수면, 스트레스 관리' 등을 잘 지키면 된다. 건강한 몸은 건강한 정신의 기초이므로 신체 컨디션을 중요시해야 한다. 건강한 몸이야말로 부정적인 감정을 이겨 낼 수 있는 최고의 양약良藥이기 때문이다.

방법 2. 다채로운 경험 쌓기

또 한 가지 방법은 인생 경험을 많이 쌓는 것이다. 감정은 과거 경험에 근거하여 만들어진다. 직접 경험이든, 독서나 영화 등을 통한 간접 경험이든 과거의 경험은 감정을 해석하는 데이터베이스가 된다. 데이터베이스의 규모가 크고 가득 찰수록 맞닥뜨리는 일에 다양한 의미를 부여하고 다양한 감정을 만들어낼 수 있다.

일본 여행을 한 적이 있는데 한 일본인 친구와 오전 9시에 만나기로 약속했다. 약속한 시각에 맞춰 친구 집 앞에 도착했는데 친구는 내가 늦었다고 말했다. 분명 시간에 맞춰 도착했는데도 지각했다는 말을 들으니 억울했다. 나중에야 일본인은 약속 시각에 딱 맞춰 도착하면 늦은 것으로 간주한다는 사실을 알았다. 약속 시각에서 5분에서 10분 정도 먼저 도착해야 하는 게 그들의 관례였다.

일본인의 시간관념에 대한 배경지식이 쌓이고 나니 더는 불쾌하지 않았다. 그리고 그 후로는 다른 나라 사람들과 교류할 때 그들의 시간관념을 이해하고 존중하게 되었다.

이것이 바로 인생 경험을 풍부히 쌓을 때의 장점이다.

Tips 쓸모 있는 심리학 산책

미국 노스이스턴대학교(Northeastern University) 심리학과 교수인 리사 펠트만 바렛은 2019년 구겐하임재단 연구학자 상을 받았고, 심리과학학회 이사장을 역임했다. 그녀는 10년 전 연구 경비 300만 달러를 받을 정도로 학술 분야에서 손에 꼽히는 훌륭한 인물이다.

나의 박사후연구원 과정 지도 교수였던 리사 펠트만 바렛은 진리 추구에 대한 집념이 매우 강했다. 그녀는 최정상의 자리에 있는 다른 학자들과 달리 기존의 프레임에 제약받지 않고 증거와 자료를 기반으로 자신의 생각을 발표했다. 또 모두 잘못 인식하고 있는 기존의 이미지를 깨고 새로운 관점을 제시하는 데 능했다. 리사 펠트만 바렛의 이런 능력은 그녀의 저서 두 권에서도 잘 드러난다. 이 장의 내용에 많이 반영된 『감정은 어떻게 만들어지는가?』는 감정 운영에 대한 사람들의 인식을 바꿔놓는 데 기여했다. 또 리사 펠트만 바렛은 『이토록 뜻밖의 뇌과학』에서 일곱 개의 짧고 쉬운 이야기를 통해 사람들이 대뇌라는 기관을 다시금 인식하도록 획기적으로 이끌었다.

Point 부모가 자녀에게 감정을 인식하는 방법을 알려줄 때 사람은 기쁠 때는 미소를 짓고, 화가 나면 눈살을 찌푸린다는 등의 고정관념을 심어 주지 않도록 주의해야 한다. 많은 애니메이션에서 그런 식으로 감정을 표현하지만 자녀가 다양한 세상을 경험하도록 도와줘야 한다.

아이들은 미소는 즐거움뿐 아니라 어색함, 분노, 심지어 슬픔까지 표현할 수 있다는 것을 이해해야 한다. 아이들이 이를 이해하는 것은 부모가 어떤 환경을 만들어 주는지에 달렸다.

감정은 우리 몸에 '강림'하는 것이 아니라 우리가 직접 만드는 것이다. 불안을 비롯해 다양한 감정은 우리의 대뇌가 만든다. 우리는 감정의 노예가 아닌 주인이다. 건강한 신체와 왕성한 에너지를 유지하고 다양한 인생 경험을 하면 감정을 장악할 수 있고 외부의 변화에 좌우되지 않는다.

☺ 생각해 보기

감정은 당신에게 어떤 영향을 미치나요? 감정 연구 2.0 버전에 따라서 생각해 보세요. 원래 감정에 대해 가진 생각이 바뀌었나요?

감정 관리의 열쇠,
감정 입자도

　평소에 나는 두 자녀와 옛 시사詩詞(중국 사대부 문학 양식인 시와 사를 함께 부르는 말-옮긴이)를 즐겨 읽는다. 시사는 아이들의 문화적 소양을 기를 수 있을 뿐만 아니라 감정 지수도 높일 수 있기 때문이다.

　예를 들어 기분이 아주 좋으면 이렇게 말한다.

　"와, 오늘 정말 기분 좋다. 짱이야!"

　그런데 오래전 시가를 보면 즐거운 마음을 표현하는 어휘가 많이 나오는데 저마다의 의미와 깊이가 조금씩 다르다. 예를 들어 당나라 시인 두보杜甫는 '아내와 아이들을 보니 수심이 사라지고, 읽던 책을 정리하니 기뻐서 미칠 듯하다.'라고 하여 미칠 듯이 기쁜 감정을 표현했다. 당나라 시인 맹교孟郊는 '봄바람에 신이 나서 말을 세차게 모니, 하루 만에 장안의 꽃을 다 보았네.'라고 하여 높이 날아오를 듯한 기분을 표현했다. 당나라 시인 이백李白은 '하늘을 향해 크게 웃고 문을 나선다. 우리가 어찌 초야에 묻힐 사람 인가.'라고 하여 호방한 감정을 담았다.

이처럼 감정을 표현하는 여러 가지 표현법이 옛 시사에는 다양 하게 나타난다.

자신의 느낌을 구체적으로 식별하는 능력

왜 감정 표현이 섬세할수록 감정 지수가 높을까? 그것은 '감정 입자도Emotional granularity'라는 개념과 관계가 있다.

리사 펠트만 바렛이 1990년대에 제시한 '감정 입자도'는 '자신 의 느낌을 구체적으로 구분하고 식별할 수 있는 능력'을 가리킨 다. 약간 복잡한 개념이어서 예를 들어 설명하겠다.

2020년 코로나 바이러스가 폭발적으로 퍼졌을 때 누군가 이렇 게 말했을 것이다.

"처음에는 나와 내 가족에게 전염될까 봐 무서웠어요. 그러다 가 슬퍼졌죠. 너무 많은 사람이 감염됐지만 내가 할 수 있는 일이 아무것도 없었으니까요."

이렇게 말하는 사람도 있었을 것이다.

"말로 표현하기 힘든 거대한 감정이었어요. 아주 괴로웠죠. 주변 인심이 다 흉흉해진 것 같았어요."

감정 입자도를 측정하는 큰 기준 중 하나가 감정 어휘를 얼마나 많이 알고 있느냐다. 첫 번째 사람은 감정 입자도가 높다. 그는 '무섭다', '슬프다' 등 구체적인 감정 어휘를 통해 자신의 느낌을 표현했다. 두 번째 사람은 감정 입자도는 낮은 편인데 '아주 괴롭다'와 같은 어휘로 혼란스러운 느낌을 두루뭉술하게 표현했다.

자신의 감정 입자도가 얼마나 높은지 어떻게 판단할까? 20초 동안 '즐겁다'를 표현하는 감정 어휘를 몇 개나 말할 수 있는지 테스트해 보자. 몇 개나 말했는가? 10개 정도 생각했다면 아주 훌륭한 수준이다.

리사 펠트먼 바렛은 수십 종류의 감정 개념을 파악하고 있는 사람은 감정 입자도가 중등 정도에 속한다고 판단했다. 감정 능력이 높은 사람은 감정 개념을 많이 파악할 수 있을 뿐 아니라 언제 어떤 개념을 사용해야 하는지도 안다. 색상에 아주 민감한 화가나 디자이너와 비슷하다고 생각하면 이해하기 쉽다. 색상 입자도에 민감한 사람은 빨간색 하나도 암홍색, 홍매색, 주홍색, 연분홍색 등으로 구분하고 작품의 특징에 따라 적합한 색상을 선택한다.

감정을 다양하고 풍부하게 경험할수록 더욱 섬세하고 명확하게 표현할 수 있어 감정 입자도도 그만큼 높아진다. 감정 입자도의 높고 낮음은 우리가 감정을 관리하고 대처하는 능력에 직접적인 영향을 미친다. 감정 입자도가 높은 사람은 감정을 더 잘 분별하고 표현할 수 있을 뿐 아니라, 자신의 감정을 더 잘 지배하고 관리할 수 있다.

이런 사람들은 감정에 지배되지 않고 감정과 친구가 된다. 즉, 감정 입자도를 높이면 부정적인 감정을 처리하는 능력을 높일 수 있다. 따라서 어떤 의미에서 보면 감정 입자도는 감정 지수의 기초이다. 감정 관리의 전제는 감정을 판별하고 표현할 수 있어야 하기 때문이다.

감정 입자도가 높을수록 감정을 잘 관리할 수 있다

감정 입자도가 높을수록 모든 감정을 더 정확하게 분석하고 대응하는 해결방안을 찾을 수 있어 더 많은 '무기'를 보유한 것과 같다. 감정 입자도가 낮은 사람은 감정 분석이 어려워서 자신이 처한 감정에 대한 대처 방식이 한두 방식밖에 없다. 유명한 투자자 워런 버핏Warren Buffett의 파트너 찰리 멍거Charlie Munger가 자주 했던 말처럼 말이다.

"망치를 든 사람에게는 온 세상이 못으로 보인다."

이렇게 중요한 감정 입자도를 어떻게 세밀화할 수 있을까? 여기 두 가지 방법이 있다. 하나는 새로운 감정 어휘를 최대한 많이 배우는 것이고, 또 하나는 매번 감정을 세심하게 느끼고 나를 괴롭히는 감정을 자신을 성장시키는 발판으로 삼는 것이다.

방법 1. 새로운 감정 어휘 학습하기

감정 어휘를 배우고 나만의 감정 개념 사전을 만들어 보자.

리사 펠트만 바렛은 사람들이 침팬지의 표정을 얼마나 많이 구분할 수 있는지 알아보는 연구를 진행한 적이 있다. 피실험자 중 절반은 사전에 다양한 감정 어휘를 학습했고, 나머지 반은 자신만의 방식으로 감정을 표기하도록 했다. 그 결과 다양한 감정 어휘를 미리 학습한 사람은 침팬지의 표정을 잘 구분했다. 표정을 구분할 때 감정 어휘가 매우 중요하다는 것을 알려 준 실험이다.

나만의 '감정 개념 사전' 만들기

감정을 표현할 때 '즐겁다'만 쓰지 말고 '미칠 듯이 기쁘다', '희열을 느낀다', '고무적이다' 등 조금 더 구체적인 어휘를 사용하자. 또 항상 '슬프다'라는 한 단어만 사용하지 말고 '풀이 죽다',

'실망하다'의 차이도 배워 두자. 더 깊고 풍부한 의미의 감정 어휘를 많이 알아야 한다. '통쾌하다'는 '유쾌하다'와 미묘한 차이가 있고, '시기하다'는 '의심을 품다'보다 더 많은 상상의 여지를 준다. 감정 어휘는 삶의 도구다. 더 많은 도구를 소유할수록 대뇌는 더 유연하게 행동을 예견하고 판단할 수 있어 여러 가지 삶의 문제에 잘 대처할 수 있다.

감정을 표현하는 세계 각지 언어 수집

일상적으로 사용하는 모국어 외에도 감정을 표현하는 외래어 어휘를 많이 배워 두는 것도 좋다.

런던퀸메리대학교 '감정의 역사센터' 연구원 티파니 와트 스미스Tiffany Watt Smith는 세계 각지의 언어에서 감정을 표현하는 말 160여 개를 수집하여 저서 《인간 감정에 관한 책The Book of Human Emotions》에 수록했다. 예를 들어 '아웅북Awumbuk'은 파푸아뉴기니 베이닝족의 언어로 '손님이 떠난 후의 공허한 적막감'이란 뜻이다. 누구나 한 번쯤은 느껴 봤을 법한 느낌이다. 손님이 찾아오면 집 안이 난장판 되는 것 같아 싫지만 손님이 막상 떠나면 집이 텅텅 빈 것 같아 허전하다. 베이닝족은 그런 적막한 감정을 없애고자 나름의 방법을 고안했다. 손님이 떠난 후 그들은 용기에 물을 한가득 채우고 밤새 놓아둔다. 용기에 담긴 물이 나쁜 공기를 흡수하면 다음 날 아침 의식을 치르듯이 그 물을 숲에 뿌린 다음 새로운 하루를 시작한다.

'라펠 두 비드 L'appelduvide'는 '허무한 부름'이란 뜻의 프랑스어인데 갑자기 대뇌가 통제당하는 것 같은, 말로 설명할 수 없는 기분을 가리킨다. 예를 들어 육교 위에 서서 끊임없이 오고 가는 도로의 차들을 바라보고 있으면 갑자기 뛰어내리고 싶은 충동이 생길 때가 있다. 어디에서부터 시작됐는지 알 수 없는 충동에 휘청거릴 정도로 힘이 빠지고 그대로 정말 떨어지고 싶은 생각이 든다.

모두 이와 비슷한 느낌을 경험해 봤는지 모르겠다. 내가 이 '허무한 부름' 어휘를 봤을 때는 예전의 혼란스러웠던 감정이 갑자기 출구를 찾은 것 같은 느낌이 들어 공감이 갔다.

방법 2. 모든 순간의 감정 경험을 섬세하게 음미하자

어휘 학습은 첫걸음일 뿐이다. 감정을 진짜 이해하고 싶다면 진짜 경험을 해야 한다. 그래서 이번에 소개할 두 번째 방법은 내가 느끼는 모든 감정을 나의 성장에 소중한 기회라고 여기고 섬세하게 음미하는 것이다.

-최근에 화낸 적이 있는가?

-무슨 일 때문에 그때의 느낌을 아직도 기억하는가?

이 질문에 답하기 전에 나에게 있었던 작은 이야기부터 풀어 보겠다.

우리 집 둘째 아이가 사이다를 마시고 싶다며 떼를 쓴 적이 있었다. 얼른 사이다 한 캔을 사서 주었지만, 이 녀석이 형이 과일 주스를 마시는 것을 보고서는 사이다를 일부러 엎지르고는 중얼거렸다. "과일 주스 마시면 좋겠다." 둘째 아이의 말에 난 화가 났다. 아이가 자신의 것은 소중히 여길 줄 모르고 새것만 좋아하고, 심지어 자신은 아무 잘못이 없는 척까지 했다고 생각했기 때문이다. 한편으론 속으로 아이의 기발한 수법에 감탄했다. 이 일은 단지 화가 난다는 느낌보다 어이없기도 하고 재미있었던 기억으로 남아 있다.

어떤 감정을 겪었을 때의 일을 돌이켜 보면 매번 감정이 폭발하는 이유와 강도, 느낌이 달랐을 것이다. 온몸이 부르르 떨릴 정도로 화가 날 때가 있다. 얼굴이 온통 새빨개졌을 때도 있을 터이다. 그때의 상황과 감정을 세세하게 음미해 보면 자신이 얼마나 다양한 감정을 경험했는지 깨닫게 된다.

즐거움도 다양한 형태의 즐거움이 있다. 물론 극도의 증오, 세상 모든 사람을 측은하게 여기는 거대한 사랑 등 직접적으로 경험하기 어려운 감정도 있다. 그럴 때는 독서, 영화 감상 등을 통해 간접 경험을 늘려야 한다. 영화를 보면서 극중의 캐릭터가 복잡한 감정을 어떻게 표현하는지 유심히 관찰해 보자. 자신이 극중 캐릭터와 같은 상황에 놓인다면 어떤 감정을 느낄지, 어떻게 행동할지 상상해 보면 좋다.

감정이 복잡한 상황을 경험해 보고 여기에 학습한 감정의 개념까지 더한다면 앞으로 비슷한 상황과 마주쳤을 때 예리하게 그 감정을 알아챌 수 있다. 이렇게 새로운 시각으로 영화를 보기 시작하면 즐거움이 전보다 배가 될 것이다. 영화 속 스토리만 보는 게 아니라 영화 배경으로 직접 들어간 것처럼 느껴지기 때문이다.

Tips 쓸모 있는 심리학 산책

사람들은 모국어를 사용할 때, 있는 그대로의 자아를 가장 잘 표현할 수 있다고 생각한다. 모국어 어휘를 가장 많이 알고 있어서 상황별로 가장 알맞은 어휘를 찾을 수 있기 때문이다. 같은 이치로 감정에 관한 어휘를 많이 알수록 자신의 감정을 더욱 섬세하게 분류할 수 있다. 이것이 바로 리사 펠트만 바렛이 이야기하는 '감정 입자도'다. 한국어에는 감정을 표현하는 어휘가 얼마나 있을까? 언어라는 수단은 그 표현 방식이 무궁무진해서 감정 어휘가 명확히 몇 개가 있다고 규정하기는 힘들다. 그렇다면 '행복하다'의 경우로 한정해서 같은 종류의 감정을 나타내는 기본 어휘가 무엇이 있는지 살펴보자.

기쁜, 벅찬, 포근한, 흐뭇한, 상쾌한, 짜릿한, 시원한, 반가운, 후련한, 살맛나는, 신바람 나는, 아늑한, 흥분되는, 온화한, 안전한, 느긋한, 끝내주는, 날아갈 듯한, 괜찮은, 쌈박한, 정다운, 화사한, 자유로운, 따사로운, 감미로운, 황홀한, 상큼한, 평화로운 등등. 이외에도 더 많은 어휘가 존재할 것이다. 더 많은 표현을 알수록 자신의 감정을 더 잘 조절하고 관리할 수 있다.

Point
감정을 '식별'하는 것은 감정 '관리'를 위한 중요한 첫걸음이다. 감정을 정확하게 식별하고 싶다면 '감정 입자도'를 높여야 한다. 더 많은 감정 어휘를 배우고 순간마다 느껴지는 감정을 소중히 여기자. 감정 입자도가 세밀해질수록 감정 지수가 높은 사람이 된다.

☺ 생각해 보기
오늘이나 최근 느꼈던 감정을 최대한 자세하게 표현해 보세요.

감정이 안정된 사람은
신뢰를 준다

심리학자인 나는 어디를 가든 사람들을 관찰하는 습관이 있다. 사람마다 행동 방식, 말하는 방식, 업무 처리 방식에 각자의 성격과 특징이 반영되어 있다. 동의할지 모르겠지만 훌륭한 사람들, 안전감과 신뢰감을 주는 사람들은 대부분 감정이 안정적이다.

왜 우리는 어른이 되어도 감정을 안정시키는 능력이 부족할까? 어떻게 해야 그 '재능'을 소유할 수 있을까? 그것은 '정서 안정성 Emotional stability'과 관련 있다. 정서 안정성이란, 쉽게 말해서 감정을 평온하게 유지하는 능력으로 우리가 흔히 말하는 사람의 예민한 정도, 감정 조절 능력을 가리킨다.

감정이 안정적인 사람은 목표에 더 잘 집중한다. 회사에서 지적받아도 감정적으로 흔들리지 않고 할 일을 한다. 정서 안정성이 높은 사람은 충동을 잘 억제하고 부정적인 감정이 폭발해도 과격한 행동을 하지 않는다. 그리고 정서 안정성이 높지 않은 사람보다 감정을 더 분명하게 인식한다. 즉, 매 순간 느껴지는 감정을 그저 '힘들다, 허무하다' 등 두루뭉술하게 표현하지 않고 구체적으로 설명할 수 있다.

자기 관리 능력, 안정적인 업무 성과, 강인한 의지, 스트레스를 받았을 때의 유연한 업무 처리 능력, 여러 상황에서의 행동 일치성 등은 어느 정도 정서 안정성과 관련 있다. 기업이 직원을 채용할 때 정서 안정성이 높은 사람을 선호하는 것도 이 때문이다.

감정을 안정시키는 방법

정서 안정성이 낮고 자주 충동적인 모습을 보이거나 스트레스를 견디지 못하는 사람은 경쟁이 치열한 직장에서 재능과 실력을 드러내기 어렵다. 이런 사람은 가치 없는 일에 집착하거나 위협, 좌절, 실패를 견디지 못하고 감정이 수시로 변하기 때문이다. 요컨대 심각한 신경질과 고도의 정서 불안정성은 일상적인 문제를 처리하거나 다른 사람과 협력하는 데 어려움을 겪는다. 중국의 저명한 학자 린위탕林語堂이 이런 말을 했다.

"불필요한 감정 소모를 하지 않는 사람은 다른 이들에게 안정감을 준다. 그들은 다른 사람과 자신에게 상처를 주지 않는다. 문제를 일으키지 않고 다른 사람을 귀찮게 하지도 않는다."

그렇다면 감정을 안정시키는 방법은 무엇이 있을까?

방법 1. 주의력 분산

감정이 화산처럼 폭발하기 전에 주의력을 분산시키는 것이다. 감정을 발산하는 것은 인간의 본능이고 감정 기복은 피할 수 없다. 감정이 격해지다가 곧 폭발하기 직전이라면 상황이 더 악화되지 않도록 주의력을 분산시키자. 감정을 회피하자는 말이 아니다. 부정적인 감정에 휩싸여 다른 사람과 자신에게 상처를 주지 않는 것이 주의력을 분산시키는 목적이다. 우선 감정을 잠시 누그러뜨렸다가 적절한 시기에 부정적인 감정을 처리해야 한다.

주의력을 분산시키는 방법은 사람마다 다르다. 게임을 하거나 영화를 보는 사람도 있고, 밥 한 끼 배부르게 먹으면 기분이 홀가분해지는 사람도 있다. 글쓰기가 감정을 푸는 방법이 되기도 한다.

나는 평소 작은 고민거리가 생기면 중화권 록 밴드 메이데이五月天의 앨범 〈Poetry Of The Day After〉를 감상한다. 이 앨범의 수록곡을 듣다 보면 마음속 고민을 잠시나마 잊는 데 도움이 된다.

그리고 좀 더 감당하기 어려운 스트레스 상황에 노출이 되면 시간과 에너지를 소모해야 하는 조금 복잡한 일을 해서 주의력을 돌린다. 예를 들어 손이 많이 가는 간식을 만들며 오로지 요리에만 집중한다. 간식이 완성되면 맛있게 먹으며 기분까지 좋아지니 일석이조의 효과를 누릴 수 있다.

방법 2. 곤경 탈출 5단계

감정이 폭발하기 전에 주의력을 분산시키면 감정 화산의 분출을 억제할 수 있다. 하지만 감정은 사라지지 않고 그대로 남아 있다. 따라서 마음을 가다듬은 후에는 부정적인 감정을 잘 처리해야 한다.

다음의 '곤경 탈출 5단계'로 감정을 처리할 수 있다.

우리는 운전할 때 계기판을 보면서 좀 더 속도를 내도 무방한지 결정한다. 똑같은 원리로 우리의 모호한 감정을 단계별로 인식할 수 있도록 계기화하면 감정의 굴레를 벗어날 수 있지 않을까? 이에 대한 방법으로 자신에게 질문하고 자기반성의 과정을 거쳐 감정을 가시화할 수 있는 '곤경 탈출 5단계'를 구상했다. 종이를 꺼내 다음의 순서대로 자신에게 묻고 답하며 자신의 감정을 정리해보자.

1단계: What → 내가 왜 그럴까, 어떤 느낌인가, 지금 어떤 감정에 놓였는가, 강도는 어떠한가?

예: 지금 나는 초조하고 불안하다. 마음이 편하지 않아 가만히 있지 못하겠다. 강도는 8점 정도다. 걱정스러운 마음도 조금 있다.

(지금 어떤 감정에 놓였는지 명확히 알고 그 감정을 말해 보는 것이 목적이다.)

2단계: Why → 이 감정은 왜 생겼는가?

예: 보고서를 작성해야 하지만 며칠 동안 잡무가 많아서 시작도 하지 못했다. 마감일까지 이틀 남았는데 완성하기 어려울 것 같다.

(감정의 배후에 숨겨진 정보를 되짚어가며 감정이 유발된 원인을 찾는다. 일어난 일을 가능한 한 객관적이고 사실대로 서술해야 한다. 감정적인 언어는 사용하지 않고 사실을 단순하게 표현한다.)

3단계: Wish → 나의 바람은 무엇이었는가? 내가 달성하고자 하는 목표는 무엇인가?

예: 이 보고서를 시간에 맞춰 완성하는 것이다. 그동안 성장한 내 모습을 상사에게 인정받고 월말 고과 점수를 잘 받는 것이 나의 바람이다.

(명확한 방향이나 이루고자 하는 목표가 없으면 쉽게 불안해진다. 목표를 설정하면 어느 방향으로 노력해야 하는지 알 수 있어 불안감을 줄일 수 있다.)

4단계: How → 그 목표를 실현하기 위해 무엇을 할 수 있는가? 이제 어떤 행동을 해야 하는가?

예: 할 일을 제때 다하지 못할 것 같아 불안감을 느낀다. 원인은 시간 관리이 므로 일정을 잘 세워야 한다. 이틀 동안 상사에게 도움을 요청하거나 지 난 보고서를 참고하는 등 임무를 빠르게 완수하도록 효율적인 방법을 생 각해야 한다.

(이것이 전체 과정의 핵심이다. 어쩔 줄 몰라 불안한 감정에 휩싸였던 상태 에서 무엇을 해야 할지 고민하고 문제를 해결하는 단계로 전환되는 중요한 부분이다. 행동으로 옮기기만 하면 괴로운 감정에서 벗어날 수 있다.)

5단계: Outcome → 계획대로 행동한 결과는 어떠한가?

예: 업무 프로세스를 최적화한 덕분에 꽤 훌륭한 성과를 얻었다.

(계획대로 행동한 후 결과를 복기하며 정리한다. 순조롭게 완수하지 못했어 도 결과를 정리하면서 감정을 이성적으로 대하는 습관을 형성할 수 있어 앞 으로 목표를 이룰 때 도움이 된다.)

이것이 바로 '곤경 탈출 5단계'다. 기억하기 쉽도록 '3W2O' 법 칙이라고 부르면 편하다. 이 방법을 활용하면 감정이 쉽게 유발되 는 일을 명확히 인지하고 자신의 감정을 잘 통제할 수 있다.

[3W2O 법칙]

Tips 쓸모 있는 심리학 산책

작가 린위탕은 감정 관리에 관한 철학적인 어록을 많이 남겼다.

1924년, 서른 살의 린위탕은 영어 'Humor'를 그윽하고 함축적이라는 의미가 담긴 '여우모(幽默)'로 번역했고, 중국인들은 '유머'라는 서양 개념을 인식하기 시작했다. '유머'라는 단어를 중국어에 도입한 린위탕은 문학 창작 활동을 하거나 삶을 대하는 태도에서도 상당한 유머 감각을 내보였다. 중국 도서 『북일녀청춘·의(北一女青春·儀)』에 수록된 린위탕의 발언은 인상 깊다. 행사에 초청받은 린위탕은 앞사람의 길고 재미없는 발언이 끝나고 자신의 차례가 되었을 때 시간이 이미 많이 지체된 것을 보고 소탈하게 한마디 했다.

"신사의 강연은 여인의 치마처럼 짧을수록 좋습니다."

무대 아래는 순간 정적이 흘렀지만 린위탕의 뛰어난 유머 감각에 분위기는 다시 달아올랐고 당시 미디어에 보도까지 되었다. 린위탕의 책을 찾아 읽어 볼 것을 권한다. 감정을 어떻게 대해야 하는지에 대해서 깨닫는 바가 있을 것이다.

Point 감정이 안정적이면 조급하거나 맹목적이지 않고 미래를 차분히 생각할 수 있다. 또 삶에 대한 통제력이 강해져 무엇을 바꿀 수 있는지 파악하고 변화를 주기 위해 최선을 다한다. 성숙한 사람은 자신과 다른 사람에게 상처를 주지 않고 감정을 잘 풀어내는 방법을 알고 있다.

앞으로 우리는 우리와 밀접한 관계가 있는 다섯 가지 불안에 대해 차근차근 알아볼 것이다. 다섯 가지 불안을 하나씩 풀어가는 과정은 멈춘 톱니바퀴를 작동시키는 것과 같다. 톱니바퀴의 내부에는 감정의 불안, 선택의 불안, 성장의 불안 등 자신과 관계있는 '내적 불안'이 있다. 톱니바퀴의 바깥쪽에는 직업의 불안, 관계의 불안 등 외부와 관계있는 '외적 불안'이 자리한다.

안이 편해야 밖도 편한 법이다. 감정의 불안을 가장 먼저 이야기한 것은 그것이 내적 불안의 핵심이기 때문이다. 즉, 자신의 감정을 잘 처리하고 자기 자신과 평화롭게 공존해야 외부와의 관계를 잘 조율할 수 있다.

☺ **생각해 보기**
당신은 감정이 안정적인 사람인가요? 어떤 일에 감정 기복이 커지나요? 감정이 안정적이지 않다면 무엇 때문에 불안정하다고 느끼나요?

PSYCHOLOGY
answers
ANXIETY

크고 작은

선택 앞에서

늘 후회하는가?

사람들은 선택의 폭이 좁으면 불안해하지만,

아이러니하게도 선택의 폭이 너무 넓어도 불안해한다.

가끔 우리는 잘못된 선택을 했다고 걱정하곤 한다.

조금 더 이성적일 수 있다면, 조금 더 고민한다면, 후회하지 않을지도 모른다.

하지만 정말 중요한 것은 선택 자체가 아니라,

선택의 결과를 바라보는 태도다.

최고의 선택은
없다

우리는 항상 선택의 상황에 놓인다. 작게는 아침에 일어나서 무슨 옷을 입을지에서부터 크게는 어떤 사람과 결혼해서 인생을 함께 보낼지 모두 선택이라는 과정이 필요하다.

하루에도 70번이 넘는 크고 작은 선택을 한다는 연구 결과가 있다. 정보가 발달한 오늘날에는 선택해야 할 일은 더 많아졌다. 커피 한 잔을 살 때도 카페 점원은 아메리카노, 카페라테, 카푸치노 중에서 어떤 커피를 선택할지 묻는다. 스커트를 사려면 롱스커트, 미니스커트, 하이웨이스트 스커트, 로우웨이스트 스커트 중에서 선택해야 한다. 투자를 하려고 해도 펀드 상품이 셀 수 없이 많다.

도대체 무엇을 선택해야 할까? 어떤 것이 최고의 선택일까? 이 문제들의 근원에는 '불안'이 있다.

선택지가 많아도 불안이 커진다

우리는 살아가면서 크고 작은 선택 또는 간단하거나 복잡한 선택을 해야 한다. 어떤 맛의 밀크티를 고를지, 어떤 브랜드의 화장품을 사야 하는지 등은 개인의 기호나 제품 품질에 따라 빠르게 결정할 수 있어 선택이 쉽다. 하지만 어떤 전공을 선택할지, 어떤 기업에 입사할지, 누구와 결혼할지, 어떤 집과 차를 사야 하는지, 고향으로 돌아갈지 도시에 남아 있을지와 같은 인생에 큰 영향을 미치는 일들은 단번에 결정하기 어렵다. 이런 복잡한 문제는 선택안이 너무 많은 데다가 한 번에 각각의 장단점을 비교할 수 없어 반복적으로 고민해야 하기 때문이다. 그렇다면 어떻게 해야 할까?

심리학과 조직행동학 분야의 연구를 토대로 한 '결정 3단계'를 추천한다. 먼저 1단계에서 관계없거나 중요하지 않은 것은 없애고 중요한 선택안만 남긴다. 2단계에서 중요한 선택안의 장단점을 꼼꼼히 비교한 후 결정을 내린다. 마지막 3단계에서는 기대 관리를 통해 자신이 한 결정에 대해 마음의 준비를 한다. 좀 더 자세히 살펴보자.

결정 1단계: 중요한 선택안만 남기기

선택안이 너무 많으면 어디서부터 손을 대야 할지 혼란스럽다. 그럴 때면 자료를 찾아보거나 전문가에게 조언을 구하는 등 여러 가지 방법을 써서 중요하지 않고 무관한 선택안을 먼저 버린다.

심리학자들이 재미있는 실험을 한 적이 있다. 대형마트에서 과일잼을 진열한 후 소비자에게 과일잼 할인권을 증정했다. 처음엔 24가지의 과일잼을 진열했고, 그다음엔 6가지 과일잼을 진열했는데, 24가지 과일잼이 진열된 경우 소비자의 단 3%만 구매했지만, 6가지 과일잼을 진열한 경우 30%의 소비자가 구매했다. 과일잼 종류가 줄어든 후 판매량이 오히려 열 배 증가한 이유는 뭘까?

선택의 폭이 너무 넓으면 오히려 어떤 선택을 할지 모른다는 것은 이해하기 쉽다. 심리학에 '선택 과부하Choice overload'라는 이론이 있다. 선택안이 많을수록 자신에게 '최고의 선택'을 하라고 스트레스를 부여한다. 선택의 결과가 나쁘지 않아도 더 좋은 선택안이 있으리라 생각하고 선택이 완벽하지 않았을 경우 실망감은 더욱 심해진다. 그래서 선택안이 많을수록 더 괴로워한다.

그렇다면 어떻게 해야 선택의 폭을 좁힐까? 사실 시간과 에너지를 들여서 믿을 만한 전문가를 찾아 그들의 의견을 참고해 줄여

나가는 것이 좋다.

프로덕트 매니저인 당신이 이직을 고민하고 있다고 가정하자. 회사 다섯 군데를 마음에 두고 있지만 어느 회사가 자신과 더 맞을지 확신이 서지 않는다. 이럴 때는 전문 프로덕트 매니저 한두 사람을 찾아가 그들의 의견을 들어볼 수 있다. 업계에서 오랜 시간 일한 그들은 업황을 전반적으로 잘 알고 있고, 당신의 선택안을 분석해서 새로운 제안을 할 수도 있다. 도움을 받아 선택안을 줄인 후에 남은 항목들만 분석하면 되니 훨씬 수월하다.

내가 박사 과정을 지원할 때도 선배를 찾아가 어느 지도 교수님이 학문이 깊고 대화 나누기가 좋은지 의견을 구한 다음 추천받은 교수에게 제자가 되고 싶다고 의향을 밝혔다. 그때 선배들의 건의는 나의 의사 결정에 큰 도움이 되었다.

결정 2단계: 선택안 분석하기

선택안을 분석할 때 각각의 장점과 단점을 모두 생각해야 한다. 고향으로 돌아갈지, 도시에서 계속 생활할지는 사람들의 고민거리 중 하나다. 도시에서 살면 생활비 부담이 크고 임대료가 오르거나 회사 일이 원만하지 않으면 편안하고 여유 있는 고향이 그리워질 것이다. 하지만 고향으로 내려가면 도시에서 누릴 수 있는 일자리 기회와 편리한 생활이 그립고 아쉽다. 모든 선택은 동전의 양면처럼 장단점이 있다. 장단점을 비교해 득실을 따져야 합리적으로 판단할 수 있다.

미래의 '나' 세 명과 만나 보기

선택안의 장단점을 모두 알아보는 방법도 있지만, 수지 웰치Suzy Welch가 제시한 '텐-텐-텐 법칙'을 이용하면 장기적인 관점으로 선택안을 살펴볼 수 있다. 세 개의 '텐'은 각각 다음을 의미한다.

10분 후, 나는 어떤 생각이 들까?

10개월 후, 나는 오늘의 선택을 어떻게 생각할까?

10년 후, 나는 어떤 느낌이 들까?

스물일곱 살의 싱글인 여성과 이야기를 나눈 적이 있다. 그녀는 부모님의 조언대로 고향으로 돌아가 교사 생활을 할지, 베이징에서 계속 생활할지 고민하다가 내게 조언을 구했다.

"고향으로 돌아가면 10분 후, 10개월 후 그리고 10년 후에 지금 한 결정을 어떻게 생각할 것 같아요?" 그녀는 잠시 고민하다가 말했다.

"10분 후에는 기분이 별로 좋지 않을 것 같아요. 그동안 힘들게 쌓았던 모든 것을 포기해야 하잖아요. 10개월 후에는 두려울 것 같아요. 내 생활이 어떨지 한눈에 다 보이니까요. 10년 후라면 평범하고 소박한 하루하루를 살고 있겠죠."

그녀와의 대화를 통해 그녀가 여전히 도시 생활을 갈망하고 있다는 것을 알 수 있었다. 이것이 바로 한 걸음 물러서서 선택안을 바라볼 때의 장점이다. 거리를 두고 문제를 바라보면 마음의 소리에 귀를 기울이며 이성적으로 판단할 수 있다.

그렇다면 선택안을 다 분석한 후에는 최고의 선택을 할 수 있을까?

사실 최고의 선택인지 아닌지는 상대적이고, 그 선택이 나의 가치관에 부합하는지가 가장 중요하다. 소위 가치관이라는 것은 내가 정한 '우선순위'다. 즉, '무엇이 중요하고 무엇이 중요하지 않은가'이다. 사업의 성공이 중요한가, 가정의 행복이 중요한가? 도시 생활과 고향으로 돌아가는 것 중 어느 것이 더 중요한가? 독신 생활과 결혼은 어떠한가? 정답은 없으며 순전히 개인의 선택이다.

선택안을 이성적으로 분석한 다음 마지막 결정의 순간이 다가오면 마음의 소리를 듣고 선택하자. 녹록지 않은 생활을 하더라도 도시에 남겠다는 마음의 소리를 들었다면 그것이 당신의 우선순위다. 다른 사람의 의견에 휘둘리며 가치관을 바꿀 필요는 없다. 그렇게 해야 후회가 남지 않는다.

결정 3단계: 기대 관리

의사 결정을 할 때 앞으로 일어날 가능성은 배제하고 현재 상황만 고려하기 쉽다. 최종 결과의 좋고 나쁨은 간과하는 것이다.

내가 박사 과정을 지원할 때 그런 실수를 저질렀다. 감정 연구를 하고 싶었던 나는 저명한 감정 연구학자 몇 분에게 제자가 되어 연구하고 싶다는 의향을 밝혔다. 그중 영국에 있는 어느 학교의 교수님 문하의 박사생이 되겠다고 약속했다. 그런데 결정하자마자 영국 요크대학교의 앨런 배들리Alan Baddeley 교수가 나를 학생으로 받아 주겠다고 연락을 해왔다. '작업 기억 이론Working memory theory'을 제창한 심리학자 앨런 배들리는 세계 100대 심리학자 중에서도 다섯 손가락 안에 드는 심리학 대가이다. 나는 앨런 배들리의 제안을 도저히 거절할 수 없었다. 학교와 지도 교수의 인지도를 고려하면 최고의 선택이 될 것 같았다. 원래 약속했던 교수님과 앨런 배들리가 미래에 나에게 어떤 영향을 미칠지는 생각하지 않았다.

나는 결국 앨런 배들리의 문하에서 기억 분야를 연구하기로 했다. 그런데 얼마 되지 않아 원래 약속했던 교수가 옥스퍼드대학교로 옮겼다는 이야기를 들었다. 그 소식을 들은 나는 내가 그 교수를 선택했다면 옥스퍼드대학교 박사 학위를 받을 수 있었을 거란 생각에 아쉬워했다.

이것이 바로 인간의 특성이다. 하나를 선택하면 또 다른 하나를 놓쳤다고 생각한다. 내가 선택한 것이 결과가 더 좋았다면 하는 아쉬운 마음이 절로 생긴다. 그래서 '기대 관리Expectation management'가 필요하다. '기대 관리'란 결정을 내린 후의 불안과 아쉬움을 줄이고 일어날 가능성이 있는 안 좋은 결과에 마음의 준비를 하는 것이다.

세계 최고의 조직행동학자 칩 히스Chip Heath와 댄 히스Dan Heath 형제는 저서 『자신 있게 결정하라』에서 결정과 판단을 내릴 때 도움이 되는 'WRAP 프로세스'를 소개했다.

이 프로세스의 마지막 단계인 P는 'Prepare to be wrong(잘못했을 때를 대비해 준비하라)'의 약자다. 사람들은 흔히 자신의 결정이 절대 틀릴 리 없다고 여기기 때문에 판단을 내릴 때 대안책을 생각하지 않는다. 하지만 히스 형제는 결정은 언제나 틀릴 수 있으며 항상 대안책을 마련해 놓아야 한다고 주장한다.

예를 들어 현재 하는 일이 재미없어 컴퓨터 프로그래머가 되고 싶은 청년이 있다. 그는 이미 프로그래머가 되겠다고 결심했지만 갑자기 직종을 바꾸면 대가를 치러야 한다는 것도 알고 있다. 게다가 기초 실력도 부족해서 컴퓨터 프로그래머로서의 일을 찾을 수도 없다.

이때 히스 형제의 프로세스를 활용할 수 있다. 현재 안정적인 일을 하고 있다는 전제하에 프로그램 언어 관련 과정을 등록한다. 어느 정도 기본 실력을 쌓은 후 무료 또는 유료 의뢰를 받아 전문성을 키운다. 이런 과정을 통해 자신이 정말 직종을 바꾸길 원하는지 알 수 있고 컴퓨터 프로그래머가 될 가능성도 높일 수 있다.

Tips 쓸모 있는 심리학 산책

과일잼 실험(Jam Experiment)은 미국 컬럼비아대학교의 시나 아이엔가(Sheena S. Iyengar)와 스탠퍼드대학교의 마크 레퍼(Mark R. Lepper)가 진행했다. 연구 결과 선택의 폭이 넓을수록 소비자의 구매 행위를 방해했지만, 또 한편으로는 더 많은 소비자를 유인할 수 있다는 사실도 발견했다. 노출되어야 소비가 이루어지는 오늘날 선택안이 많은 것이 꼭 나쁜 것은 아니다. 다양한 색상의 동일한 제품을 출시하는 이케아(IKEA)가 이 같은 경우다. 'Zeals75.com'이라는 사이트를 운영하는 작가 쉬중웨이(徐仲威)는 디자인은 같지만 색상이 다양한 제품들을 진열하면 소비자의 이목을 끌어 구매를 유도할 수 있다고 말했다. 요컨대 인류의 의사 결정 행위는 매우 복잡하기 때문에 각각의 상황과 목적에 따라 다른 선택을 한다.

Point 인생에서 선택이 필요한 경우는 굉장히 많다. 게다가 선택할 때마다 너무 많은 선택안 때문에 곤란할 때도 있다. 매번 많은 시간을 들여 고민하고 후회하는 것보다 효율적으로 선택하는 방법을 연습해 보자. 이보다 더 중요한 것은 내가 한 선택을 받아들여야 한다는 것이다. 많은 경우 최고의 선택은 바로 마음이 원하는 것을 받아들이는 선택이다.

☺ **생각해 보기**
인생에서 가장 어려웠던 선택은 무엇이었나요? 결국 어떤 선택을 했나요?

결단이 어렵다면
한계를 설정하라

한번은 지하철을 탔는데 옆에 앉은 청년이 전화 통화를 하고 있었다. 그의 목소리가 워낙 크고 조급해서 듣고 싶지 않아도 무슨 말을 하는지 다 들렸다.

"이직을 해야 할까? 직장을 바꾸면 집에서 멀어지잖아. 매달 출장도 갈 텐데 여자 친구가 분명히 반대할 거야. 그렇다고 지금 회사를 계속 다니기에는 일이 너무 재미없고 시시해. 이러다가는 곧 폐기처분될 것 같은 기분이야. 게다가 이제 곧 서른 살이라고, 지금 기회를 놓치면 앞으로는 이직이 불가능해. 어서 아이디어 좀 내 봐. 벌써 한 달 동안 고민하고 있단 말이야…."

그는 상대방에게 이직을 해야 하는지, 자신이 얼마나 고민하고 있는지 하소연했다. 그 청년의 통화를 다 듣고 나니 뷔리당의 당나귀Buridan's ass라는 재미있는 심리 법칙이 떠올랐다.

배도 고프고 목도 마른 당나귀가 있었다. 당나귀의 왼쪽과 오른쪽의 동일한 거리에 각각 건초더미와 물통이 놓여 있다. 그 가운데 서 있던 당나귀는 물을 먼저 마실지 건초를 먼저 먹을지 결정을 내리지 못하고 왼쪽과 오른쪽을 번갈아 보다가 결국 배를 곯고 목이 말라 죽고 말았다. 프랑스 중세 철학자인 장 뷔리당Jean Buridan이 풍자한 '뷔리당의 당나귀'는 결정을 내리지 못하는 상황이나 사람을 일컫는다.

나는 무엇을 원하는가?

뷔리당의 당나귀처럼 선뜻 선택하지 못하는 사람들이 많다. 왜 우리는 이렇게 주저하며 결정을 내리지 못할까? 결단력을 발휘하는 방법은 무엇일까? 그 방법을 소개하기 전에 나는 언제나 과감히 결정을 내리는 사람인지 생각해 보자.

제과점에 갔다고 상상해 보자. 배도 출출한데 평소 좋아하는 빵이 단 한 개 남았다. 당신은 바로 그 빵을 집어 쟁반에 올릴 것인가, 아니면 주저할 것인가? 이런 경우 사람들은 재빨리 빵을 쟁반에 올린다.

필요를 느끼고 선택의 압박이 있다면 행동은 과감해진다. 뷔리당의 당나귀가 물이 있는 쪽만 보았다면 선택이 한 가지밖에 없는 상황에서 목이 말라 죽는 일은 일어나지 않았을 것이다. 앞에서 말한 이직을 고민하던 청년도 현재 일자리가 없고 각종 비용을 지불해야 하는 상황이라면 이것저것 고려할 리가 없다. 심지어 가장 먼저 들어온 제안을 수락했을 것이다.

사람들이 우유부단한 모습을 보이는 근본적인 이유는 자신이 무엇을 원하는지 제대로 모르기 때문이다. 결단력이 없다고 여기는 사람들은 사실 근본적으로 자신이 무엇을 원하는지 모른다.

한번은 TV에서 결혼 준비에 관한 프로그램을 방영했는데 나는 출연한 예비 신부들을 몇 가지 유형으로 나눌 수 있었다. 첫 번째 유형은 자신에 대해 잘 알고 어떤 웨딩드레스를 원하는지도 명확했다. 그래서 웨딩플래너의 조언을 받으며 원하는 웨딩드레스를 찾았다. 두 번째 유형은 자신이 어떤 스타일의 웨딩드레스를 원하는지는 잘 알지만 정작 자기 자신을 잘 모른다. 그래서 헛걸음을 하기는 해도 웨딩플래너의 도움으로 자신에게 어울리는 웨딩드레스를 찾았다. 세 번째 유형은 자신이 어떤 웨딩드레스를 원하는지 모른다. 뭐든 다 좋아 보여서 이것저것 입어 보지만 결국 결정을 내리지 못했다.

자신이 무엇을 원하는지 정확히 아는 것이 중요하다. 이와 동시에 무엇을 원하지 않는지도 안다면 더욱 과감하게 의사 결정을 할 수 있다.

요즘은 사람들의 결정을 도와주는 시스템이 많이 발달했다. 다양한 방법으로 원하는 것과 원하지 않는 것을 확인할 수 있게 도움을 주기 때문에 결정을 내릴 때 굉장히 효과적이다.

선택의 압박이 있어야 한다

사람들은 스트레스를 받으며 결정하는 것을 좋아하지 않지만 스트레스가 더해지는 상황에서 좋은 결정을 내리곤 한다.

유니버시티 칼리지 런던의 탈리 샤롯^{Tali Sharot} 교수는 위협을 느끼는 상황과 위협을 느끼지 않는 상황에서 '정보 종합 능력'이 어떻게 다른지 비교하는 연구를 진행한 적이 있다. 연구진은 실험 참여자 중 절반에게 실험이 끝난 후 옆 교실로 가서 공개 강연(위협군)을 해야 한다고 통보했고, 나머지 절반에게는 그 사실을 알리지 않았다(비위협군).

실험은 참여자들에게 강도를 만나는 것 같은 사건들이 자신의 삶에서 일어날 확률을 예측해 보게 하는 것이었다. 그 후 영국에서 강도 사건이 일어날 확률을 들려주고 난 다음, 그 사건이 자신에게 일어날 확률이 몇 프로인지 다시 평가하게 했다.

연구 결과, 실험 후 공개 강연을 한다고 통보받은 실험 참가자 (위협군)는 특정 사건이 영국에서 발생한 확률을 토대로 자신의 예측을 조정했다. 하지만 통보를 받지 못한 실험 참가자(비위협군)는 자신에게 나쁜 일이 발생할 확률을 높게 평가했다. 이 연구는 사람들은 스트레스를 받으면 조금 더 이성적으로 결정한다는 것을 알려 준다.

이 밖에도 많은 연구 결과에서 시간의 제약이 있으면 비교적 좋은 결정을 하는 것을 보여 준다. 시간 압박이 있을 때 사람들은 최상의 솔루션을 찾기 위해 다양한 방법을 시도하려 한다는 연구 결과도 있다.

이제 원인이 무엇인지 알았다. 그럼 결단력을 키우고 더 나은 결정과 판단을 하기 위해 무엇을 해야 할까? 다음의 두 가지 방법을 연습해 보자.

방법 1. 속성을 파악한 후 이상적인 선택안 찾기

우리가 과감한 결정을 하지 못하는 이유는 사람, 일, 사물의 여러 속성을 동시에 평가하지 못하기 때문이다. 각양각색의 휴대전화 중 어떤 제품을 살지 고르는 것처럼 선택은 쉬운 일이 아니다.

어떤 휴대전화를 살지 결정해야 할 때 당신은 아마 반복적으로 생각하고 비교할 것이다. 하지만 폴더형 스마트폰을 사고 싶다면 그 휴대전화가 자신에게 필요한지 바로 판단해 볼 수 있다. 그다음 결정은 간단하다. 한 가지 속성만 보고 판단하면 되기 때문이다.

과감히 결정해야 할 때 각각의 선택안을 속성에 맞춰 분석해 볼 수 있다. 이어서 각각의 속성에 맞춰 이상적인 선택안을 정한다. 그다음 후보 목록의 선택안들이 내가 좋아하는 속성을 몇 개나 갖췄는지 평가하기만 하면 된다. 그 속성을 가장 많이 갖춘 선택안이 가장 이상적이므로 과감한 선택이 가능하다. 속성이 너무 많아 판단하기 어렵다면 판단해야 할 속성을 줄이고 중요한 영향을 미칠 속성만 남긴다.

주택을 구입할 때도 여러 가지를 고려해야 하지만 그중에서도 편의시설이 있는지, 역세권인지 등 반드시 갖춰야 할 속성 몇 가지가 있다. 이처럼 후보 목록 중 중요한 속성이 무엇인지, 그런 속성을 갖췄는지 비교하면 과감히 판단을 내릴 수 있다.

방법 2. 한계 설정

속성을 고려하는 방법 외에도 압박감을 느끼면 과감하게 결정할 수 있다. 그래서 두 번째로 제시하는 방법은 '한계 설정하기'다.

시간의 한계나 엄격한 기준 등 다양한 방식으로 자신을 압박하면 결단력 있게 결정할 수 있다. 예를 들어 일자리를 구할 때 시간 압박이 없다면 더 좋은 일자리를 마냥 기다릴 수도 있다. 예산이 넉넉하다면 어떤 형태의 집을 구입할지 한참 고민할 수 있다. 이처럼 선택지가 너무 많으면 오히려 주저하게 된다.

어느 날 대만중앙연구원에서 일하는 친구가 자조적으로 말했다.

"우리 연구원의 가장 좋은 점이 뭔지 알아? 점심에 뭘 먹을지 고민할 필요가 없다는 거야. 선택할 것도 없거든."

음식 배달 서비스가 유행하기 전에는 매일 뭘 먹을지 결정하는 게 상대적으로 간단하지 않았던가. 예전에는 배달이 가능한 메뉴가 지극히 제한적이었다. 하지만 요즘은 음식 배달 플랫폼에서 매우 다양한 음식을 선택할 수 있어 오히려 결정이 어렵다.

한번은 제자들이 음식 배달 플랫폼에서 음식을 주문하기에 놀리듯이 말했다.

"자네들의 인지 자원이 이 플랫폼에 점거당했군. 정말 바보 같은 짓이야." 제자들은 이렇게 대답했다.

"선생님! 저흰 돈이 없어서 선택의 폭이 넓지 않아요, 너무 걱정 마세요." 제자의 대답에 승복하고 싶지는 않았지만 어쨌든 기뻤다. 그들은 자금이라는 조건의 제약이 있어서 별로 중요하지 않은 일에 시간을 낭비하지 않고 과감히 결정할 수 있었기 때문이다.

Tips 쓸모 있는 심리학 산책

뷔리당의 당나귀 이야기는 황당해 보인다. 배가 고프면 당연히 무엇을 먹을지 고민할 필요도 없는데 왜 선택이 어려울까? 현실에서 우리가 마주하는 것은 똑같은 건초두 더미가 아니라 완전히 다른 선택일 수 있다. 백 년의 역사를 자랑하는 전통적인 식당과 최신 트렌드에 맞춘 식당 가운데 서 있는 것처럼 쉬운 결정이 아니다.

스위스에 있는 다수의 핸드메이드 시계 제조사는 한동안 살얼음을 밟는 듯한 혹독한 시련의 시간을 거쳤다. 2020년에는 애플(Apple) 스마트워치의 판매량이 스위스 핸드메이드 시계 전체 판매량을 넘어설 정도였다. 이런 상황에 몰리자 몇몇 스위스 핸드메이드 시계 제조사는 기계식 손목시계에 스마트 기능을 탑재하는 제품 스마트화를 추진했다. 하지만 기존 기술을 고수하는 일부 시계 제조사는 힘겨운 상황에서 벗어나지 못했다.

Point

'생선과 곰 발은 동시에 다 가질 수 없다'는 말이 있다. '뷔리당의 당나귀'와 같은 어려움에 빠지면 결단력을 잃고 주저하게 된다. 과감히 결정을 내리지 못하는 이유는 아주 단순하다. 첫 번째는 자신이 무엇을 원하는지 전혀 모르기 때문이고, 두 번째는 결정을 빨리 할 필요가 없기 때문이다.

과감히 결정을 내리고 싶다면 자신이 '중요시하는 속성'을 선택안이 얼마나 '갖췄는지' 판단해 보자. 또 선택할 때 '한계를 설정하면' 더 과감히 선택할 수 있다. 이 두 방법을 잘 활용해 보자. 생선을 살 능력만 있으면 생선만 사지 곰 발은 생각조차 하지 않는다.

끝으로 굶어 죽은 '뷔리당의 당나귀'가 되지 않도록 불확실성이 있어도 '결단력'을 키우는 연습을 많이 하길 바란다.

😊 **생각해 보기**

과거 겪었던 사람이나 사건 중에서 결단력과 관계있는 것이 있나요? 그때 어떻게 결정했나요?

감정이라는
이름의 코끼리

마음먹은 대로 몸이 따라주지 않는 경험은 누구나 해 보았을 것이다. 체중 감량을 위해 다이어트를 하겠다고 여러 번 결심하지만 달콤한 케이크를 볼 때면 참지 못하고 한 조각 사고 만다. 매달 책한 권은 꼭 읽겠다고 계획하지만, 시간이 날 때면 유튜브를 보거나 게임만 한다. 항상 일찍 자고 일찍 일어나겠다고 다짐하지만, 다음 날 아침 알람이 여러 번 울려도 눈 하나 꿈쩍 안하고 계속 베개에 머리를 파묻는다.

몇 번이고 반복한 결심이 왜 결국 흐지부지 끝나버릴까? 나의 의지력은 정말 이 정도 수준인가? 다른 사람들은 어떻게 자율적으로 생활할까? 어떻게 해야 계획을 실천으로 옮길까? 이번에는 자기 통제력^{Self-control}에 대해 알아보자.

알면서도 잘못된 선택을 하는 이유

고대 그리스 신화에 메데이아라는 콜키스^{Corchis}섬의 공주가 나온다. 법술을 부릴 줄 알았던 메데이아는 황금 모피를 찾으러 온 이아손 왕자에게 첫눈에 반해 황금 모피를 찾도록 도와주고 그와 함께 떠난다. 이 소식을 접한 메데이아의 아버지는 즉시 사람을 보내 그녀를 쫓는다. 애인의 사랑과 가족에 대한 신뢰 사이에서 갈등하던 메데이아는 결국 아버지와 가족을 배반하고 사랑하는 사람과 멀리 떠나며 고통스러운 마음으로 말한다.

"나를 이끄는 아주 신비한 힘이 느껴져요. 욕망과 이성이 나를 서로 다른 방향으로 잡아당기고 있어요. 어느 길이 맞는지 알지만 난 틀린 길을 선택했어요."

이 이야기는 메데이아가 애인에게 버림받고 복수의 길을 걷는 것으로 끝이 난다. 메데이아가 말한 신비한 힘이란 바로 욕망과 이성의 싸움이다. 이는 업무 보고서 제출 마감 시간이 코앞인데도 게임을 하는 것과 같다. 어떤 선택이 맞는지 알고 있지만 잘못된 행위를 선택하는 것이다. 우리는 대체 왜 그럴까?

코끼리를 탄 기수는 지쳤다

사회심리학자 조너선 하이트Jonathan Haidt는 저서 『행복의 가설 The Happiness Hypothesis』에서 이 질문에 대한 답을 제시했다.

"우리는 자신의 행위를 완전히 제어할 수 없을지도 모릅니다. 우리의 마음에는 자신의 행위를 결정할 수 있는 '최고 결정권자'가 없습니다. 우리의 마음은 오히려 여러 부분으로 나뉘어 있는데 부분마다 저마다의 생각이 있고 때로는 각 부분의 의견이 서로 충돌하기도 합니다."

조너선 하이트는 이 책에서 본능, 감정, 직감 등은 거칠고 고집이 센 코끼리로 비유하고, 이성, 생각 등은 마르고 이성적인 기수로 재미있게 비유한다. 즉흥적인 쾌락을 갈망하는 코끼리는 눈앞의 이익을 위해 장기적인 이익을 포기한다. 늘씬한 몸매를 추구하면서도 초콜릿 아이스크림의 유혹을 참지 못한다.

반면 기수는 코끼리가 장기적인 안목으로 매사 준비하고 미래의 목표를 위해 현재의 욕망을 억제하길 바란다. 코끼리 등에 올라탄 기수는 코끼리를 지휘하는 것처럼 보이지만 사실 기수의 힘으로는 코끼리의 행동을 완전히 통제할 수 없다. 메데이아도 이렇게 한탄했다.

"나의 기수가 나에게 어느 길이 맞는지 알려 줬지. 하지만 마음속 코끼리는 나를 잘못된 방향으로 데려갔어."

이것이 바로 우리가 항상 욕망과 이성 사이에서 배회하는 이유이고, 우리의 계획이 왜 항상 수포로 돌아가는지에 대한 대답이다. 계획은 이성(기수)이 세우지만, 계획을 실행할 때는 항상 감정(코끼리)의 영향을 받기 때문이다.

감정(코끼리)의 영향을 받아도 사람은 의지력이 있지 않냐고 반문할 수도 있다. 의지력을 발휘하면 기수가 코끼리를 통제할 수 있을까? 유감스럽게도 사람의 의지력은 한계가 있다.

1998년 플로리다 대학교 교수 로이 바우마이스터Roy Baumeister는 연구진들과 함께 재미있는 실험을 했다. 그는 세 시간 동안 아무것도 먹지 않은 학생 두 그룹을 방으로 데려갔다. 그곳에 두 종류의 음식이 있었는데, 하나는 달콤한 냄새가 코를 자극하는 막 구워낸 초콜릿 비스킷이었고, 또 다른 하나는 말린 무였다. 두 음식을 한 곳에 두었더니 초콜릿 비스킷이 훨씬 먹음직스러워 보였다. 연구진은 한 그룹에게는 초콜릿 비스킷을, 또 다른 그룹에게는 말린 무를 나눠 준 후 방을 떠났다.

말린 무를 받은 학생들은 감독관이 없다고 해서 몰래 초콜릿 비스킷을 먹지 않았지만, 초콜릿 비스킷을 먹고 싶은 욕구를 참아내느라 '의지력'을 소모했다. 두 그룹이 음식을 다 먹자 연구진이 다시 돌아와 학생들에게 답이 없는 문제를 내고 그들이 문제를 풀기 위해 얼마나 버티는지 관찰했다. 초콜릿 비스킷을 먹은 학생 그룹은 문제를 풀기 위해 평균 19분을 소모했지만, 식욕을 참아낸 학생들은 겨우 8분밖에 버티지 못했다.

이 실험의 메시지는 무엇일까? 사람의 '의지력은 한계가 있다'는 것이다. 계획이 실천으로 이어지기까지는 간극이 존재하는데 이성이 언제나 감정을 통제할 수는 없다. 즉, 코끼리를 탄 기수가 코끼리를 오랜 시간 통제하면 지치게 된다.

이렇듯 계획을 실천으로 옮기는 데 시간이 걸리고 사람의 의지력에 한계가 있다면 어떤 방법으로 우리는 자기 통제력을 높여 목표를 달성할 수 있을까? 두 가지 방법이 있다.

방법 1. 외부의 도움 활용하기

우선 도구나 외부의 힘을 빌려 자기 통제력을 높일 수 있다.

평소 제시간에 일어나기 위해 사람들은 전날 밤 알람시계를 맞춰 놓는다. 한 외국인 친구가 게으름뱅이의 천적 같은 존재라며 나에게 클락키Clocky라는 알람시계를 선물했다. 늦잠을 자거나 이불 속에서 뒤척일 때 '발'이 달린 그 알람시계는 멀리 달아나 몸을 숨긴다. 아침 7시에 시계 알람이 요란하게 울기 시작하더니 방 안을 여기저기 돌아다닌다고 생각해 보자. 이 장난꾸러기 녀석을 멈추려면 반드시 침대에서 내려와 사방으로 찾아다녀야 한다. 한바탕 난리를 치르고 나면 정신이 들지 않을 수 없다. 이렇듯 도구를 활용하면 목표를 달성하는 데 도움이 된다.

또 타인의 감시나 감독을 통해 자기 통제력을 높일 수 있다. 요즘 인기가 많은 훈련 캠프들도 대부분 이 점을 이용한다. 다이어트 캠프에 참가하기 위해 고액의 비용을 지불했다면 어떨까? 지불한 비용이 아까워서 참가할 수밖에 없다. 게다가 캠프에 참가한 다른 친구들이 자신의 다이어트 효과를 자랑하며 자극할 것이다. 이렇게 외부 자극을 받으면 자기 통제력을 유지하는 데 도움이 된다.

방법 2. 실행 의도 활용하기

외부의 도움을 구하는 것도 하나의 동력이 될 수 있지만 가장 중요한 것은 자기 자신이다. 그래서 두 번째 방법은 스스로 돕는 방법인 목표 의도를 실행 의도로 대체하는 것이다. 목표 의도와 실행 의도란 뭘까?

'목표 의도'는 쉽게 말해서 '나는 어떻게 하겠다'이다. 이는 매년 연초에 '난 승진할 거야', '나는 연봉을 올릴 거야', '다이어트에 성공할 거야' 등 새해 목표를 세우는 것과 비슷하다. 하지만 안타깝게도 목표 의도만으로는 계획이 쉽게 무너진다.

그러나 '실행 의도'는 어느 시간, 어느 장소, 어느 조건에서 목표를 달성하기 위해 무엇을 할지 생각한다. '만약에if…, 그렇다면 then…'의 방식으로 촉발 조건과 자신의 전략을 연계한다. 예를 들어 꾸준한 운동을 목표로 정했다면 그것은 큰 목표가 된다. 목표를 매일 1만 보 걷기와 같은 작은 목표로 조금 더 세분화해 보자. 하지만 일정표에 작은 목표를 적어 놓아도 작심삼일이 되어 목표를 달성하기 위한 행동을 유지하지 못할 때가 많다.

조건과 목표를 결합한 실행 의도를 활용하면 어떻게 될까? 하루 1만 보 걷기라는 작은 목표를 유지하고 싶다면 퇴근 후 버스를 타고 집으로 돌아갈 때 두 정거장 미리 내려서 걸어가면 목표를 달성할 수 있다. 실행 의도를 활용할 때 자신에게 이렇게 말해 보자.

"퇴근 후 버스 타고 집에 갈 때 두 정거장을 먼저 내려서 걸어가자." 이 말에서 '퇴근 후 버스 타고 집에 간다'가 촉발 조건이고, '두 정거장 먼저 내려서 가자'가 전략이다. 버스를 타고 집에 가기만 하면 이 상황이 나타나고 두 정거장 먼저 내려서 집에 가는 행동을 촉발할 수 있어 목표에 더 쉽게 달성할 수 있다.

'실행 의도'는 1999년 미국 뉴욕대학교 동기심리학자 피터 골위처Peter Gollwitzer가 제시했다. 역시 심리학자인 그의 아내 가브리엘 외팅겐Gabriele Oettingen은 저서 『무한긍정의 덫』에서 실행 의도의 도구인 'WOOP'를 소개했다.

WOOP는 '소망Wish', '결과Outcome', '장애물Obstacle', '계획Plan'의 약자로 다음과 같은 프로세스다.

① 소망Wish: 실현되었으면 하는 소망을 적고, 시간을 설정한다.

② 결과Outcome: 소망을 실현한 후의 만족스러운 상황을 상상한다. 명확할수록 좋다. 그 상황을 직접 글로 쓴다.

③ 장애물Obstacle: 목표를 실현하는 과정에서 맞닥뜨릴 수 있는 어려움을 구체적으로 나열한다.

④ 계획Plan: 나열한 장애물을 '만약에…, 그렇다면…'의 방식에 하나하나 적용한다.

예를 들어 '6개월 안에 체중을 5킬로그램 줄일 거야(소망).'라고 생각했다면, 체중 감량에 성공해서 날씬해진 모습을 상상한다. 당신은 '몸매가 더 좋아졌고, 복근이 생겼고, 이브닝드레스를 멋들어지게 입을 수 있으며, 어디를 가든 사람들의 주목을 받을 뿐 아니라, 좋아하던 이성에게 고백을 받았다(결과).' 그리고 체중을 감량하는 과정에서 발생할 수 있는 장애물을 상상해 본다. '달콤한 간식을 보면 참지 못하고, 회식을 거절하지 못하며, 조깅할 시간이 되었지만 드라마를 보거나 게임만 하고 싶다(장애물).'

마지막으로 장애물을 이겨 낼 수 있는 대책을 생각한다. '맛있는 음식을 보고 참지 못할 것 같으면 열량이 높은 간식을 집에 보관하지 않는다. 회식에 참석해야 한다면 샐러드만 주문한다. 보고 싶은 드라마가 있다면 30분간 달리기를 하고서 한 편만 본다. 비가 와서 조깅을 할 수 없다면 집에서 30분 동안 유산소 운동을 한다(계획).'

계획을 실천할 때 예상하지 못한 상황을 만나면 언제든 '만약에…, 그렇다면…' 리스트에 추가하고 목표를 달성하면 된다.

'WOOP' 생각 카드(예시)

W : 소망	O : 결과
6개월 안에 체중을 5킬로그램 감량한다.	몸매가 날씬해지고 복근이 생기며 이브닝드레스를 입을 수 있고, 어디를 가도 사람들이 나를 쳐다본다.

O : 장애물	P : 계획
달콤한 간식을 보면 참지 못하고 회식을 거절하기 어렵다.	① 달콤한 간식을 보고 참지 못한다면 열량이 높은 간식을 집에 보관하지 않는다. ② 회식에 참석해야 한다면 나는 샐러드만 주문한다.

Tips 쓸모 있는 심리학 산책

조너선 하이트는 미국의 저명한 사회심리학자다. 도덕성 연구로 명성이 높은 그의 중요한 업적 중 하나는 사회 직관주의 모형(Social intuitionism model)을 제시했다는 것이다. 그는 사람의 도덕적 행위는 이성적인 추론의 산물이 아니라 직관적으로 이루어지며, 사회와 문화가 직관에 큰 영향을 미친다고 판단했다. 그의 이런 생각이 담긴 논문 「감정적 개와 이성적 꼬리」는 지금까지 일만 번 정도 인용되었다.

그는 사회 직관주의 모형을 사람의 다른 행위에도 적용했는데, 앞서 언급한 '코끼리와 기수'도 그중 하나이다. 그의 또 다른 저서인 『바른 마음』은 사회와 문화가 한 개인의 도덕적 행위에 얼마나 영향을 미치는지 설명한다.

Point

누구나 타성에 젖고 나태해질 수 있으며 유혹을 견디기 어렵다. 그래서 코끼리를 탄 기수는 계속 패배하고 만다. 하지만 다행히 우리는 자신을 변화시킬 선택을 하고 행동할 수 있다. 계획을 실천하면 꿈은 현실이 된다. 외부의 도움을 구하거나 실행 의도를 활용해 계속 견디며 작은 한 걸음이라도 움직인다면 성공과 더 가까워진다. '조금씩 개선해 나가는 것이 야심 찬 실패보다 낫다(Incremental change is better than ambitious failure)'는 말이 있다. 이를 항상 마음에 새기고 조금씩 앞으로 나아가자.

😊 생각해 보기

이루지 못한 목표가 있다면 'WOOP' 프로세스를 활용해 다음 행동 계획을 세워 보세요.

막막하면
쉬운 일부터 해라

누구나 막막함을 느껴 봤을 것이다. 10대 청소년은 무엇을 위해 힘들게 공부하는지 알 수 없어 막막하다. 사회에 발을 들여놓은 20대는 자신이 도대체 뭘 좋아하고 뭘 잘하는지 몰라 막막하다. 30대에 들어서면 조금 더 성숙해지고 막막함과는 작별할 줄 알았지만 안타깝게도 여전히 그대로다.

왜 인생의 단계마다 막막함을 느낄까? 어떻게 해야 막막하지 않을까?

심리학 관점에서 보면 막막하다는 것은 불확실성에 대해 반응하는 곤혹스러운 감정의 일종이다. 조금 더 자세히 말하면 자신이 진짜 원하는 것이 무엇인지, 선택을 앞두고 어떤 결정을 내려야 하는지 모른다는 의미다. 이런 곤혹감은 왜 느끼는 걸까?

청장년이 느끼는 막막함에 대하여

막막함을 느끼는 이유는 많다. 급변하는 사회를 따라갈 수 없을 것 같거나, 자괴감에 빠지고 자신감이 결여된 경우가 그렇다.

사실 가장 근본적인 이유는 자아 인식Self-awareness이 부족해서 자신의 능력을 정확히 가늠할 수 없고, 자신과 외부 세상을 잘 알지 못해 불안하고 괴로워서이다. 예를 들어 안정적인 회사에 들어갔지만 맡은 업무가 너무 재미없다. 하지만 자신이 무엇을 원하는지 몰라 그럭저럭 살아간다. 친구들은 내게 1인 미디어 계정을 만들어 여가시간에 방송을 하든가, 뭔가 다른 일을 좀 해 보라고 권한다. '투잡' 생활을 해 볼까 하는 생각이 들다가도 과연 잘 해낼 수 있을지 몰라 시작하지 못한다.

한 면은 자신에 대한 불확실성, 또 다른 한 면은 외부에 대한 불확실성이라는 두 겹의 샌드위치 속에 껴 있는 것 같아 공허하고 무기력하다. 이런 막막한 상태는 평생 이어진다. 다만 인생의 단계마다 막막함의 종류와 형식이 다를 뿐이다.

나는 10년간 심리학 분야를 연구하는 동안 수많은 편지를 받았다. 그중 '막막함'은 아주 익숙한 주제 중 하나이다. 특히 서른 살

전후의 청장년은 몇 년간 직장생활을 하면서 권태감을 느끼기 시작하고 현재 상황이 만족스럽지 않지만 그렇다고 지금 하는 일 말고 무엇을 할 수 있는지 모른다.

막막함을 느끼는 이유를 알았다면 이제 어떻게 대처해야 할까? 다음에 소개할 전략과 생각 도구 두 가지가 막막함을 느끼는 당신에게 도움이 되길 바란다.

방법 1. 쉬운 목표와 통찰력

막막함의 원인이 자기 자신과 외부에 대한 불확실성이라는 것을 이제 알았다. 이 불확실성에 대처하기 위해 나는 '쉬운 목표와 통찰력'이라는 전략을 제안한다.

그런데 왜 '쉬운 목표'여야 할까? 막막함을 느낄 때는 삶이 재미없고 밝은 미래와 희망이 보이지 않는다. 따라서 우선 목표를 정하고 할 일을 찾아야 한다. 사람은 목표를 잃어버리면 무엇을 원하는지 몰라 허무함에 빠진다. 하지만 목표를 세우면 눈앞에 빨간 과녁이 있는 것처럼 마주한 일에 집중하고 그것을 위해 노력한다. 물론 너무 요원하거나 거대한 목표보다는 자신의 능력 범위 안에서 달성할 수 있는 구체적이고 명확한 목표가 좋다. 이것이 바로 내가 말한 '쉬운 목표'다. 쉽게 말해서 '올해는 작년보다 500

만 원 더 벌겠어'처럼 현재 이룰 수 있는 일을 찾아야 한다.

목표가 생겼다면 '올해 연봉을 20퍼센트 높이거나 연말 상여금을 두 배로 받도록 협상을 해 볼 수도 있어!'처럼 목표를 세분화한다. 장기적인 목표를 실현 가능한 단기 목표로 바꾸면 자신에 대한 신뢰감이 높아지고 삶을 주도하는 지배감을 느낄 수 있다. 미시간주립대학교 심리학 연구에 따르면, 자신의 생활 리듬을 지배한다는 생각이 들면 강한 자신감이 형성되는데 이는 막막함과 부정적인 감정을 줄이는 데 기여한다.

막막함을 느꼈다면 먼저 목표를 설정하고 행동에 나서야 한다. 하지만 이렇게 말하는 사람도 있다.

"목표를 세우고 조금씩 실천했지만 아무리 생각해도 다른 사람보다 늦는 것 같아 막막함을 떨쳐 버릴 수가 없어요."

그렇다면 세상의 변화에 대한 적응력을 높이고 미래의 발전 방향을 파악하도록 노력해야 한다. 이것이 바로 내가 말한 '통찰력'이다. 통찰력이 있다면 눈앞에 놓인 문제를 해결할 뿐만 아니라 더 장기적인 안목으로 자신이 속한 분야를 더 깊이 있게 연구할 수 있다.

인공지능의 시대가 될 미래에 어떤 직업이 AI로 대체되고, 어떤 직업이 AI와의 대결에서 완승을 거둘지, 내가 속한 업계가 미래에

AI로 대체될지에 대해 미리 공부하고 준비한다. 맥킨지 보고서에 따르면 교사, 심리상담사, 요양보호사, 산후 도우미 등의 공감 능력이나 통찰력, 표현력이 필요한 소셜 스마트 업무는 AI가 감당할 수 없는 분야다. 작가, 설계사, 감독, 화가 등 창조력과 심미 능력이 필요한 창조형 업무는 미래에 더 각광을 받을 것으로 보인다.

하지만 어셈블리 라인 작업자, 은행원, 전화 판매원 등 간단하고 무미건조하며 반복적인 일은 AI에 대체될 가능성이 높다. 따라서 자신의 직업에 열심히 종사하면서 업계 동향을 잘 파악해 만반의 준비를 갖춰야 직업의 운명을 주도할 수 있다.

요컨대 '쉬운 목표와 통찰력'은 현재의 자리에서 미래를 바라보며 자신과 세상에 대한 지배력을 높이는 전략이다.

방법 2. 막막함을 이기는 생각 도구

이번에는 막막함에 대처할 수 있는 생각 도구를 살펴보자.

매사추세츠 공과대학 철학과 교수 키어런 세티야Kieran Setiya는 한 칼럼에서 "과거의 선택은 바뀌지 않고, 미래가 변할 가능성도 작은 상황에서 현재의 업무를 반복적으로 해야 하는 중년은 위기를 느낀다."라고 말했다. '과거는 뒤집을 수 없고 미래는 따라갈 수 없다'는 그의 생각은 청장년이 느끼는 막막함의 또 다른 표현이다. 그는 이에 생각 도구 두 가지를 제시했다.

생각 도구 1: 기회비용과 화해하기

여기에서 핵심어는 '기회비용'이다. 어떤 일을 하기로 선택하면서 다른 일을 하지 않았을 때 일어나는 손실을 의미한다.

얼마 전 둘째 아이에게 장난감을 사 준다는 약속을 지키기 위해 함께 백화점에 갔다. 둘째는 장난감 코너에서 한참 동안 서성였지만, 변신 로봇이나 레고를 살지, 무선조종 자동차를 살지 결정하지 못했다.

"아빠, 저는 이곳의 장난감을 다 가지고 싶어요."

"안 돼, 하나만 선택할 수 있어."

둘째 아이는 한참을 고민하다가 마침내 변신 로봇을 골랐다. 계산을 마치고 상점을 나서려는데 둘째 아이가 창가에 진열된 로켓 모형을 바라보고 있었다. 아마도 자신의 변신 로봇보다 더 멋있다고 생각한 모양이었다.

"아빠, 잘못 선택한 것 같아요. 변신 로봇 말고 로켓 장난감 갖고 싶어요." 둘째 아이의 서운해 하는 표정을 본 내가 말했다.

"그래, 네가 저 로켓을 더 마음에 들어 하는 것 알아. 하지만 변신 로봇을 샀으니 바꿀 수 없단다. 게다가 우리는 오늘 한 개만 사기로 약속했잖니. 로켓을 사고 싶다면 다음 기회까지 기다려야 한다." 둘째는 더 떼쓰지 않았지만 집으로 돌아온 후 얼굴을 잔뜩 찌푸리고는 변신 로봇을 쳐다보지도 않았다.

107

오랜 시간 고민 끝에 한 선택이 틀렸다는 것을 깨달았어도 스스로 한 결정이기 때문에 받아들일 수밖에 없는 경험은 누구나 다 있다. 실망한 둘째를 보니 약속을 깨고 로켓을 하나 더 사 주고 싶었다. 하지만 일곱 살짜리 아이를 순간 기쁘게 해 주는 것보다 선택의 무게감과 결과를 감당할 필요성을 가르쳐 주는 것이 더 중요할 것 같았다.

어른도 마찬가지다. 과거의 선택이 아쉽더라도 마음에 담아 두지 않는 법을 배워야 한다. 잘못된 선택을 했더라도 인생은 그것 때문에 무너지지 않는다.

'중국 경영의 신'이라고 불리는 추스젠褚時健은 인생의 부침을 수차례 겪었다. 담배왕이라고 불릴 정도로 담배 사업으로 중국 경제계의 거물로 성장한 그였지만 뇌물수수 혐의로 한순간에 범죄자로 전락했다. 하지만 일흔네 살의 나이에 오렌지 사업을 시작해 10년 만에 중국인이라면 다 아는 '오렌지왕'이 되었다.

그의 전기적인 인생은 추억에 빠져 있는 것보다 지금 서 있는 곳의 주변을 둘러보고 미래를 내다보는 것이 낫다는 메시지를 전한다.

생각 도구 2: 존재 가치가 있는 일 하기

과거와 화해하고 눈앞의 현실로 돌아왔지만 여전히 일이 무료

하고 의미 없게 느껴진다면 어떻게 해야 할까?

키어런 세티야는 두 번째 생각 도구로, '존재 가치가 있는 일'을 많이 하라고 조언했다. 철학적으로 들리겠지만 쉽게 말하면 '삶의 의미를 느끼고 자아 성장을 할 수 있는 일을 많이 하라'는 의미다.

노인심리학 연구를 할 때 어르신들을 많이 만나 볼 수 있었는데, 건강하고 원기가 왕성한 어르신은 대부분 하나 이상의 취미활동을 하고 있었다. 오랜 시간 기업에서 임원으로 일했던 한 어르신은 요가를 20년 동안 했다. 대학 교수 출신의 한 분은 요리가 취미였는데 양식 요리 솜씨가 미슐랭 추천 레스토랑의 셰프 못지 않았다.

그들은 하나같이 취미활동이 얼마나 큰 활력이 되는지 알려주었다. 일이나 삶이 뜻대로 되지 않을 때 그들은 좋아하는 일을 하며 자아 가치를 발견했다.

이는 키어런 세티야의 제안과 같다. 우리도 여가시간에 취미활동을 하며 반복적인 업무 때문에 생기는 공허감을 이겨내 보자.

Tips 쓸모 있는 심리학 산책

매사추세츠 공과대학 철학과 교수인 키어런 세티야는 여러 저서를 통해 옳고 그름을 가리는 방법, 이성적으로 결정하는 방법 등 삶에서 마주하는 어려움을 철학적으로 풀어냈다. '중년의 위기에 어떻게 대처할 것인가'는 키어런 세티야가 수년간 관심을 기울인 주제로 『어떡하죠, 마흔입니다』라는 제목의 책으로 출간하기도 했다.

키어런 세티야는 중년의 위기를 벗어나는 데 철학이 도움이 된다고 생각한다. 그는 후회가 밀려올 때도 꼭 그 감정을 처리하려 애쓸 것이 아니라 현재의 삶을 계속 이어 가도록 하는 것이 무엇인지 자신에게 질문해 보라고 한다.

Point

젊었을 때 읽었던 한 책에서 인상 깊은 부분을 발견했다.

"삶이라는 여정에서 만나는 셀 수 없이 많은 갈림길 중에 우리는 하나의 길을 선택해서 가야 한다. 취하는 것이 있으면 버림이 있다는 것은 당연한 이치다."

두 마리 토끼를 다 잡을 수 없다는 것을 알고 있지만, 우리는 선택할 때마다 자신과 미래에 대한 불확실성 때문에 고민에 빠지고 막막함을 느낀다. 하지만 마냥 막막해하기보다는 앞서 소개한 '쉬운 목표와 통찰력' 전략과 '기회비용과 화해하기', '존재 가치가 있는 일하기'를 시도하는 것이 낫다. 지금 이 순간을 장악하고 나만의 멋진 길을 걸어가길 바란다.

☺ **생각해 보기**

최근에 막막함을 느낀 적이 있나요? 직접 행동 계획을 세워 보세요.

위험할 때
생각하지 않는 뇌

겉으로 보기에 똑같은 의자 두 개가 있다. 하나는 원래 가격이 20만 원이지만 기간 한정 특가로 2만 원에 판매 중이다. 다른 하나는 원래 10만 원인데 역시 기간 한정 특가로 2만 원에 판매하고 있다. 두 의자의 원래 가격은 다르지만 같은 가격에 판매하고 있다면 어느 의자를 사는 것이 합리적인가?

원래 가격이 20만 원인 의자를 사기로 했다면, 축하한다. 당신은 대다수와 같은 선택을 했다. 겉모양과 판매 가격이 같은 의자인데 원래 가격이 더 비싼 의자를 고르는 이유는 뭘까?

첫째, 원래 가격이 높을수록 더 저렴하게 샀으니 돈을 아꼈다고 생각한다. 둘째, 20만 원에 팔던 의자의 품질이 10만 원에 팔던

원가 10만 원   원가 20만 원

기간
한정 특가
2만 원

의자보다 좋다고 생각한다. 하지만 사실 그것은 우리의 편견일 뿐이다.

    우리는 일상에서 편견의 영향을 받을 때가 너무 많다. 예를 들어 텀블러를 사려는 당신의 눈앞에 두 모델이 있다. 한 텀블러는 가격이 1만 원이고 구매 사이트의 소비자 평점은 10점 만점의 7점이다. 또 다른 텀블러는 가격이 첫 번째 제품의 두 배인 2만 원이다. 이 제품의 소비자 평점은 9점이다. 어떤 것을 구매하겠는가?

    대부분 첫 번째 모델을 선택할 것이다. 소비자 평점은 2점밖에 차이가 나지 않는 데 비해 가격은 두 배가 차이 나기 때문이다. 따라서 첫 번째 제품의 가성비가 조금 더 좋아 보인다.

    이번엔 선택 사항을 하나 더 추가해 보자. 다음 중 어떤 제품을 선택하겠는가?

- 텀블러1: 1만 원, 소비자 평점 7점

- 텀블러2: 2만 원, 소비자 평점 9점

- 텀블러3: 3만 원, 소비자 평점 8점

이번에는 어떤 제품을 고르겠는가? 새로 추가된 텀블러3의 가격은 텀블러1의 세 배이지만 소비자 평점은 8점이다. 가격이 가장 높은데 품질이 가장 좋은 것은 아니니 텀블러3을 선택하는 사람은 많지 않을 것이다.

첫 번째 상황에서 대부분 텀블러1이 가격 대비 품질이 좋다고 생각했겠지만 텀블러3이라는 새로운 선택 사항이 추가되면서 2만 원짜리 텀블러2에 눈길이 간다. 이유가 뭘까? 세 텀블러 중에서 텀블러2는 중간 가격대 제품이고 소비자 평점이 가장 좋기 때문이다.

선택 사항이 하나 더 늘어났을 뿐인데 이렇게도 쉽게 원래의 선택이 바뀌는 이유는 뭘까? 인정을 하든 안 하든 우리는 쉽게 속는다. 학력이 높고 책을 많이 읽고 경험이 많더라도 보이스피싱에 속아 재산을 잃는 사람들이 있다. 똑똑해 보이지만 믿기 어려울 정도로 멍청한 결정을 하는 사람도 있다. 그 배후에는 우리의 대뇌와 관계가 있다.

우리의 대뇌는 구두쇠

결정 이론 분야에서 노벨상을 받은 미국 심리학 교수 대니얼 카너먼Daniel Kahneman은 그의 베스트셀러 『생각에 관한 생각』에서 '직관적인 사고 시스템(빠르게 생각하는 시스템1)'과 '이성적인 사고 시스템(느리게 생각하는 시스템2)'이라는 두 가지 생각 시스템을 제시했다. 우리는 두 시스템을 매일 사용하고 있지만 느끼지 못하고 있다.

직관적인 사고 시스템은 사실 '사고思考'와 거리가 멀고 직관을 기반으로 하기 때문에 반응이 빠르다. 숲에서 뱀을 만나면 나도 모르게 몸을 피한다. 비행기를 탔는데 난기류를 만나서 기체가 흔들리면 바로 긴장한다. 귀여운 아기를 보면 절로 미소가 나온다. 이런 것들은 직관적인 사고 시스템이 작용해서 나타나는 현상이다. 어떠한 고려와 생각을 거치지 않고 바로 움직이기 때문이다.

수영장에서 수영할 때 손은 어떻게 움직여야 하는지, 발은 어떻게 뻗어야 하는지 생각해야 하는가? 아니다. 이미 직관이 될 정도로 훈련받았기 때문이다. 하지만 '21 곱하기 58은 얼마인가?'라는 문제를 풀어야 한다면 산술 능력이 부족한 사람은 종이와 연필을 꺼내 계산해야 한다. 그렇다, 이때는 반응은 느리지만 논리적인 추리 능력이 매우 강한 이성적인 사고 시스템이 작동한다. 바구어 말하면 잠시 동작을 멈추고 논리적 추리력을 사용하며 천천히 생각한다. 여행할 때 어느 길을 선택할지, 학교에서 어떤 전공을 선택할지, 어느 기업으로 입사할지 등을 고민할 때 사람들은 이성적인 사고 시스템을 사용한다.

이 두 생각 시스템을 간단히 비교하자면 직관은 빠르고 자동화된 반응이고, 이성은 느리지만 고도의 집중력을 발휘한다. 보통 모국어로 말할 때 직관적인 사고 시스템을 사용하지만, 외국어는 이성적인 사고 시스템을 이용해 말한다.

지금까지 이뤄진 여러 과학 실험에 따르면 사람들은 직관적인 사고 시스템으로 판단하고 결정하는 것을 좋아한다. 대뇌는 기본적으로 자원을 절약하려 하기 때문이다. 즉, 사람은 가능한 한 대뇌를 사용하지 않고 본능적인 직관을 이용한다. 이는 인류가 편파적인 결정을 하는 근본적인 이유이기도 하다.

이렇듯 구두쇠인 대뇌는 이성적인 사고 시스템을 가동하는 것을 좋아하지 않기 때문에 판단의 오류를 초래하기도 한다. 그렇다면 편견과 오류에 오도되지 않고 이성적인 결정을 하는 방법은 무엇이 있을까? 다음의 두 방법을 참고해 보자.

방법 1. 정수기 앞에서 잡담 나누기

대니얼 카너먼이 『생각에 관한 생각』에서 언급한 방법은 잡담을 나누듯이 교류하면서 여러 목소리를 경청하는 것이다. 이미 말했듯이 편견과 오류는 직관적인 사고 시스템이 주도적인 위치를 차지했기 때문에 일어난다. 머리를 굴려 생각해야 하는 순간에도 대뇌는 적당히 쉽게 결정을 내려 버린다. 따라서 해결하고 싶은 문제가 있다면 속도를 늦추고 이성적인 사고 시스템을 가동해서 반복적인 추리와 검증을 거쳐야 한다.

하지만 이성적인 사고 시스템은 워낙 게을러서 수시로 깨워야 한다. 또 외부의 자극이나 호출도 필요하다. 자주 깜박하는 당신이 회사에 꼭 가져가야 하는 중요한 물건이 있다면 동료에게 메시지로 알려 달라고 부탁하는 것과 마찬가지다. 의사 결정을 하기 전에 자신에게 이런 외부 메시지와 같은 환경을 만들어 주자.

대니얼 카너먼이 제시한 방법은 정수기 잡담이다. 즉, 사무실 정수기 근처로 가서 동료의 잡담과 지적을 듣듯이 결정을 내리기 전에 가벼운 분위기의 환경에 스스로 노출하는 것이다. 외부의 정보와 피드백은 생각의 속도를 늦춘다.

당사자보다는 제삼자의 판단력이 더 뛰어날 때가 있다. 사람의 이성은 평온할 때가 아니라 시끄럽고 복잡할 때 더 활발히 작동된다. 의사 결정을 할 때 주변의 방관자들은 자신들의 느린 생각으로 당신의 빠른 생각이 초래할 수 있는 오류를 고쳐 주고자 도와줄 것이다. 따라서 단체 토론을 통한 결정은 효율이 떨어지긴 해도 의미가 있다. 사람들이 '느린 생각'을 가동해 '빠른 생각' 때문에 일어나는 편견과 실수를 줄일 수 있기 때문이다.

방법 2. 가상의 토론쇼를 열자

주변에 제삼자가 없다면 어떻게 할까? 이어서 소개할 방법은 다른 사람의 도움 없이 혼자 결정을 할 때 적용할 수 있다. 바로 머릿속에 〈렛츠 토크Let's talk〉(토론과 변론 형식을 도입한 중국 토론 프로그램-옮긴이)와 같은 토론 쇼를 열고 충분한 변론을 통해 자신의 직관적인 판단을 꺾는 것이다.

충분한 변론을 거치면 더 이성적으로 생각할 수 있다. 동일한 문제를 여러 관점에서 전반적으로 이해할 수 있기 때문이다. 결정을 내리기 전에 머릿속에 '렛츠 토크'를 열어 찬성팀과 반대팀의 토론을 진행한다.

토론회에서 당신은 자신의 역할뿐 아니라 '상대 토론자' 역까지 맡는 것이 중요하다. 다른 사람의 관점에서 자신의 생각을 면밀히 살펴볼 수 있기 때문이다. 예를 들어 당신은 서른 살이 넘었는데도 아직 결혼하지 않았다. 부모와 친척들은 당신을 노총각 또는 노처녀라고 생각한다. 모두 이제 조건은 그만 따지고 대충 비슷한 사람을 골라 결혼하라고 말한다. 부모님은 직접 맞선 상대까지 소개해 주었다. 맞선 상대는 조건도 그럭저럭 괜찮고 인품도 나쁘지 않다. 당신 역시 이제 나이를 먹었으니 안정적인 생활을 꾸려야 한다고 생각한다. 이때 부모님의 생각대로 서둘러 결혼해야 할까? 결혼이라는 큰일을 결정하기 전에 이성적인 생각이 필요하다. 그렇다면 자신의 생각과 그 이유를 적어 보자.

'맞선 상대와 결혼을 해야 한다. 이유는 난 벌써 서른 살이 넘었고 주변의 친한 친구들도 다 결혼했다. 부모님이 나 때문에 조바심을 내는 것도 더는 볼 수 없다.'

이번에는 '상대 토론자'가 되어 자신의 생각과 이유를 하나하나 반박해 보자.

'몇 살이 되면 무슨 일을 해야 한다고 누가 정했는가? 결혼이 의무인가? 자신을 위한 일인가, 부모님을 위한 일인가? 결혼하지 않으면 왜 모두 나를 어딘가 부족한 사람으로 취급하는가?'

이렇게 변론하다 보면 문제를 명확하게 파악하고 중요한 시점에 혼란에 휩싸여 잘못된 결정을 내리는 상황을 미연에 방지할 수 있다.

Tips 쓸모 있는 심리학 산책

대니얼 카너먼과 아모스 트버스키(Amos Tversky)는 전망 이론(Prospect theory)으로 2002년 노벨 경제학상을 받았다. 사람의 경제적 의사 결정은 이성에 의한 것이 아니라, 현재 수준에 근거해서 리스크마다 다른 태도를 보인다고 생각하는 이론이다. 대니얼과 아모스는 사람들에게 좋은 것은 추구하고 위험은 회피하는 행동 경향이 있다는 것을 발견했다. 사람들은 수입이 확실히 보장된 복주머니가 있다면 반드시 그것을 획득할 수 있는 선택을 한다. 반면 돈을 모두 잃을 수도 있는 복권이라면 꼭 구매하려 하지는 않는다. 하지만 손실에 직면하면 모험을 통해 손실을 피하려는 경향도 보인다.

Point 평소 우리는 자주 편견과 오류의 영향을 받는다. 이는 우리의 대뇌와 밀접한 관련이 있는데 직관적인 사고 시스템이 이성적인 사고 시스템의 판단에 영향을 주기 때문이다.

사실 의식주와 관련된 일상적인 결정의 98퍼센트는 직관적인 사고 시스템을 이용해 결정해도 무방하다. 하지만 인생의 중요한 일을 결정할 때는 이성적으로 생각하는 능력을 발휘해야 한다. 주변 사람들의 의견을 많이 경청하면서 머릿속에 가상의 토론쇼를 열고 이성적으로 생각하는 연습을 하자.

☺ 생각해 보기

어떤 일을 할 때 편견이 생기나요? 자신의 편견을 줄이기 위해 어떤 노력을 하나요?

마음을 정했으면
더는 후회하지 마라

살아가면서 우리는 계속해서 선택의 상황에 놓인다. 물건을 구매하거나 주말에 놀러 갈 장소를 정하는 것부터 인생 계획이나 결혼 및 연애까지 크고 작은 문제를 계속 고민하고 선택해야 한다.

어떤 의미에서 보면, 지금의 나는 어떤 사람인지, 어떻게 살고 있는지는 과거의 모든 선택이 누적된 결과이다. 지금까지 내린 결정 중에서 후회가 남는 선택이 있는지 물어보면 모두 그런 일이 많다고 대답할 것이다.

"학부 전공을 정할 때 좋아하는 예술 분야로 선택하지 않은 걸 정말 후회해요.", "나를 그렇게 아껴 주던 그 남자와 헤어진 것을 정말 후회해요. 그때로 다시 돌아갈 수 없어서 너무 안타까워요."

이렇게 오래된 과거의 결정 때문에 후회를 느낄 뿐 아니라 오늘 산 옷이 온라인 쇼핑몰에서 훨씬 저렴한 가격에 판매되고 있다는 것을 알았을 때 손해 봤다는 생각에 속상해한다.

도박장 테이블에는 '돈을 걸었으면 손을 떼시오'라는 문구가 붙어 있다. 이미 마음을 정했으면 더는 후회하지 말라는 뜻이다. 하지만 손은 거둬들여도 미련은 남는다. '다른 선택을 했다면 결과가 더 좋지 않았을까' 하는 생각이 든다.

후회를 없애 주는 약이 있을까?

왜 우리는 고민 끝에 어렵게 한 선택을 후회할까? 이런 아쉬운 감정을 줄이는 방법은 무엇일까? 이번에는 의사 결정 과정에서 겪는 '후회'에 대해 이야기하고자 한다.

얼마 전 아내와 상의 끝에 온라인에서 키에 맞춰 높이를 조절할 수 있는 어린이 책상을 샀다. 그런데 물건을 받아 보니 쇼핑 사이트에 소개된 모델과 전혀 달랐다. 아내가 속상해서 한마디했다.

"휴, 이번 온라인 쇼핑은 완전히 실패했네요,"

나도 후회가 됐다. 제품을 반품할 수는 있지만 다시 포장해서 발송할 일을 생각하니 피로감이 몰려왔다. 이처럼 결정의 결과를 안 후에 발생하는 후회를 학계에서는 '결정 후 후회^{Post decision}

regret'라고 한다. 반대로 '예상 후회Anticipated regret'가 있다.

길을 가던 당신은 어느 옷 가게에서 마음에 드는 스웨터를 발견했다. 가게로 들어가서 계산하려던 순간, 다른 가게로 가면 가성비가 더 좋은 제품을 찾을 수 있을 것 같다는 생각이 든다. 온라인 쇼핑을 하면 훨씬 저렴한 제품도 찾을 수 있을 것 같다. 이것이 예상 후회다. 즉, 결정하기 전에 이미 후회를 한다.

결정을 내리기 전에 다른 가능성 때문에 후회하기도 하고, 만족스럽지 않은 결과를 보고 후회하기도 한다. 이미 결정을 했든 결정을 내리기 전이든 사람들은 왜 후회를 할까? 그 배후의 원인은 무엇일까? 구체적인 이유를 알아보기 전에 문제를 하나 내겠다.

당신은 두 회사로부터 동시에 취업 제안을 받았다. A회사는 급여와 처우가 좋고 근무 환경도 괜찮지만 승진 가능성이 낮다. 따라서 10년 후에도 직책의 변화 없이 같은 일을 하고 있을 가능성이 크다. B회사는 급여가 평균 수준이고 복지도 많지 않다. 다만 업계 전망이 좋아서 개인적으로 성장할 가능성이 높다. 그리고 회사의 실적이 좋으면 그만큼 보상도 따른다. 한 곳은 안정적이고 높은 급여를 보장하고, 다른 한 곳은 잠재력과 성장 가능성이 있다. 당신은 어떤 회사를 선택하겠는가?

최종적으로 어떤 선택을 하든 분명 포기하는 부분이 생긴다. 안정을 선택하면 무한한 가능성을 잃는다. 가능성을 품에 안으면 안정적인 생활을 잃게 된다. 이것이 바로 하나를 선택함으로써 잃어버린 다른 가능성, '기회비용'이다. 이런 상실감 때문에 우리는 후회를 하곤 한다.

이 외에 또 중요한 영향을 미치는 요인은 과거의 일을 부정하고 새로운 가능성을 상상하는 '반사실적 사고Counterfactual thinking'다. 친구와 저녁에 만나기로 약속한 당신은 문을 나선 후 약속 시간이 얼마 남지 않은 것을 깨달았다. 지하철을 타면 늦을 것 같아서 택시를 탔는데 생각지도 못하게 차가 막혀서 결국 한 시간이나 늦었다. 조급한 마음으로 택시에 앉아 있던 당신은 '지하철을 탔으면 진작 도착했을 거야.'라고 생각한다. 이 예에서 '택시를 탔는데 차가 막혔다'는 사실이지만 '지하철을 탔으면 진작에 도착했을 거야'는 이미 지하철을 타지 않았기 때문에 사실과 달라 '반사실反事實'이다.

우리가 머릿속으로 가설의 상황을 만들고 현실과 비교하는 것이 반사실적 사고다. 이는 발생 가능성은 있지만, 사실 발생하지는 않았다. 이 가상의 결과가 현실의 결과보다 좋으면 현실이 더 나쁘다고 여기고 후회라는 부정적인 감정에 빠지는 것이다.

따라서 기회비용 때문에 다른 선택을 했을 때의 좋은 결과와 반사실적 사고까지 더한 이상과 현실을 대조한다면 후회는 더 크게 밀려올 수 있다. 가령 휴가철에 여행을 가는데 인기 있는 여행지를 포기하고 친구와 해변에서 휴가를 보내기로 했다. 휴가지에서 돌아온 당신은 '이번 여행에서 조금 더 맛있는 걸 먹었으면 좋았을 텐데', '재미있는 가게를 더 많이 들렀다면 좋았을 텐데' 등 반사실적 사고를 시작하게 된다. 결정을 평가할 때 반사실적 사고가 시작되면 후회가 늘어난다.

'결정 후 후회'라는 감정이 어디에서 오는지 알았을 것이다. 그런데 결정에 대한 좋은 결과 또는 나쁜 결과를 평온한 마음으로 받아들이는 방법은 없을까? '후회를 없애 주는 약' 두 가지를 소개하겠다.

방법 1. 세상과 비교는 그만

첫 번째 약은 '세상과의 비교 멈추기'다. 인터넷이 발달하면서 우리의 소셜 네트워크 반경이 급격히 확대되었다. SNS의 친구 목록도 기본적으로 천 명이 넘는다. 그런데 커뮤니티에서 보이는 생활 때문에 사람들 사이에 비교 심리가 생긴다.

학생 때는 친구들과 성적을 비교하고 어른이 된 후에는 연봉과

학벌을 비교하고, 자산을 비교하는 등 비교하지 않는 것이 없다. 게다가 비교의 기준이 점점 높아지면서 자신의 결정에 대한 결과가 신경 쓰이고 쉽게 불만을 느낀다.

지금 많은 여성이 왜 자신의 몸매와 피부에 만족하지 못할까? 여성들의 비교 대상이 이제는 친구가 아니라 공들여 아름답게 꾸민 스타들의 화보 사진이기 때문이다.

비교는 그만하고 이제 만족하는 데 치중하자. 외부로부터 방해받지 않을 능력을 키우고 다른 사람에 대한 관심보다는 나 자신이 즐거움을 느낄 수 있는 일에 더 집중하자.

방법 2. 만족감 배우기

세상과의 비교를 줄이는 것 말고도 자기만족 능력이 필요하다. 그래서 후회를 없애는 두 번째 약은 '만족감 배우기'다. 자신이 하지 않은 다른 선택은 더 엉망이었을 수도 있다.

선택할 때 최상의 선택을 해야 하는가, 적당히 좋은 것으로도 충분한가? 완벽주의 경향이 있어 최고의 것만 받아들여야 한다면 더 많은 에너지를 쏟아부으며 선택해도 후회를 느끼기 쉽다. 하지만 충분히 좋은 것만으로도 된다면 더 행복해질 수 있다.

한편 이상적인 가상과 엉망인 현실을 비교할 필요는 없다. 이상은 화려한데 현실은 별 볼 일 없다면 현실성이 떨어지는 환상과 현실을 비교하는 것은 불공평하며 다른 선택은 더 엉망일지도 모른다고 자각해야 한다.

어떤 선택이든지 얻는 것과 잃는 것이 있다. 만족하는 법을 배워서 잃은 것에 집착하며 아까워하지 말고 내가 한 선택의 긍정적인 의미를 찾아야 한다. 낚시하러 갔는데 맛있는 미끼를 이용하지 않았다면 어떻게 물고기를 낚겠는가? 낚시를 즐겨서 행복을 느끼는 것이 아니라 미끼가 줄어든다고 아쉬워한다면 매우 안타까운 일이다.

Tips 쓸모 있는 심리학 산책

'예상 후회'가 사람에게 미치는 영향은 두 모습으로 나타난다. 예상 후회 때문에 행동을 하는 사람이 있는 반면, 예상 후회 때문에 행동하지 않는 사람도 있다. 이를 분석한 논문에 따르면, 사람은 어떠한 행동을 한 후 후회할 것 같으면 그 행위를 할 의도를 줄이고 행위 빈도도 낮아진다. 하지만 어떤 행동을 하지 않아서 후회할 것 같으면 그 행위를 할 의도와 행위 빈도를 높인다. 또 예상 후회가 행위에 미치는 영향은 기존 예상을 넘어서고, 심지어 발생할 것으로 예상한 부정적인 감정이나 위험 평가보다 사람의 행위 여부를 더 잘 예측할 수 있다는 사실도 발견됐다.

틸뷔르흐대학교 교수 마르셀 질렌버그(Marcel Zeelenberg)는 '후회'와 관련하여 많은 연구를 진행했다. 그는 예상 후회를 잘 활용하면 사람들이 어떤 일을 하거나 하지 않게 더 잘 유도할 수 있다는 것을 발견했다. 그 핵심은 사람들이 선택보다 후회를 마주할 때 더 이성적으로 생각하는 것이다.

Point 선택이 일상이 되어 버린 오늘날 어떤 마음으로 선택을 마주할지가 매우 중요해졌다. 선택을 한다는 것은 '기회비용'이 발생한다는 의미다. 그런데 이상적인 환상에 빠지면 불만을 가중시킬 뿐이다. 자신의 모든 선택을 소중히 여기고 외부 세상과의 비교를 줄이며 '최고 좋음'이 아닌 '충분히 좋음'을 추구하자.

결정이란 비교와 취사선택의 능력이자 불확실성을 처리하는 능력이다. 삶에서 마주치는 다양한 선택의 과정에서 조금씩 연습해 나가자.

🙂 **생각해 보기**

가장 후회한 결정은 무엇인가요? 그 후회를 보완하기 위해 무엇을 했나요? 지금도 후회하고 있나요?

PSYCHOLOGY
answers
ANXIETY

내 삶의

주인공으로

살고 있는가?

누구나 사회적으로 더 잘 돼야 한다는 압박을 받는다.

그리고 나이가 들수록 압박은 점점 커지기만 한다.

나는 정말 좋은 모습으로 변하고 싶어서 성장했을까,

아니면 다른 사람의 기대 때문에 성장하기 위해 노력한 걸까?

아무도 당신이 어떤 모습으로 변할지 결정할 수 없다.

현재 자신의 모습에 만족한다면 불안해할 필요 없다.

나만의 시간과
속도로 산다

평소 이런 말을 들어 본 적 있는가?

"젊었을 때 어서 조건 좋은 사람 만나야지, 나이 들수록 찾기 어려워."

(결혼할 사람을 찾아 연애하라는 재촉)

"이제 그만 고르고 적당한 사람 만나. 서른 살 넘었으면 이제 결혼도

하고 재산도 모아야지."

(결혼하라는 재촉)

"너무 일만 하지 마. 이제 아이 낳을 생각도 해야 할 나이야. 한 살이

라도 젊을 때 낳아야 내가 좀 돌봐 주지."

(아이를 빨리 낳으라는 재촉)

"나이도 많으면서 그런 고민은 왜 하는 거야, 지금 일이나 잘하면 되지. 창업이 그렇게 쉬운 줄 알아? 손해라도 보면 어쩔 거야."

(쓸데없는 고민 말고 성실히 살라는 권유)

이 같은 재촉과 권유의 말에 공통으로 들어간 단어를 발견했는가? 바로 '나이'다. 나이에 유통기한이라도 있어 정해진 기한을 지나면 안 되는 것처럼 말한다. '30세가 넘으면 노총각 또는 노처녀가 되어 배우자를 찾기 어렵다, 35세를 넘기면 아이를 낳기 힘들어진다, 가정을 꾸리고 일자리를 찾았으면 쓸데없는 고민은 그만둬야 한다'고 말한다.

왠지 나이라는 틀로 활동 범위를 정해 놓은 것 같다. 세상의 기준으로 나이에 맞지 않는 행위를 하면 주변 사람들은 그 나이에는 무엇을 해야 하고, 무엇을 하면 안 되는지 친절히 설명해 준다.

왜 나이대마다 무엇을 해야 한다고 강요받아야 할까? 나이에서 벗어나 자유롭게 살 수는 없을까?

졸업한 제자가 나를 찾아온 적이 있었다. 그 제자는 스물다섯 살이 지나면서 시간에 가속도가 붙은 것처럼 취업, 연애, 결혼이 몇 년 사이에 다 이루어졌다고 푸념하듯 말했다. 그중 하나라도 다른 사람보다 늦어지면 주변의 친척이나 친구들이 인생 선배가 되어 인생에 큰일이라도 난 것처럼 재촉하기 바빴다는 것이다.

누구나 그 강도는 다르지만 이런 압박을 받고 있다. 심리학에서 이런 압박을 '사회적 시계$^{Social\ clock}$'라고 말한다.

압박으로 작용하는 '사회적 시계'

1965년 미국의 심리학자 세 사람이 제시한 '사회적 시계'는 사회, 문화의 체제 안에서 사람들에게 관습이 된 인생 주기를 일컫는다. 사회의 모든 개체는 알게 모르게 이 주기를 따른다. 쉽게 말해서 '사회적 시계'는 어느 나이대에 무엇을 해야 하는지 설명한다.

보통 만 3세가 되면 유치원에 가고, 만 6, 7세가 되면 초등학교에 입학한다. 그리고 만 18세에 대학교에 입학하고 만 22세 또는 23세에 취업한다. 만 28세 즈음은 결혼 적령기이고 만 30세에서 만 35세까지 열심히 돈을 벌어 가정을 꾸린다. 그리고 만 60세 정도가 되면 은퇴한다.

'사회적 시계'는 주기에 따라 일생을 몇 단계로 나눈다. 그리고 인생의 단계마다 구체적이고 엄격한 규칙을 제시한 덕분에 우리는 바람 한 줄기 드나들 것 같지 않을 정도로 빽빽하게 짜인 시간표에 매였다.

'사회적 시계'의 주기를 따라가지 못해 '사회적 시차'가 생기면 '독촉'은 피할 수 없는 운명이다. 이러한 외재적 구속을 받은 사람들은 알게 모르게 '사회적 시계'의 주기에 호응하고, 결국 '나이'

는 현대인이 평생 느끼는 불안의 근원이 된다.

사회에는 모두가 바라보는 커다란 시계추가 있다. 하지만 우리는 저마다의 작은 시계가 있어서 조금 이를 수도 있고 조금 늦을 수도 있다. 우리가 모두 획일적으로 '사회적 시계'를 따라 살아야 할까? 나이에서 오는 불안을 벗어날 방법은 무엇일까?

방법 1. 내가 세운 인생의 시간대에서 살기

내가 정의한 '나의 시간대'에서 사는 것이다. 사람들은 무언가를 쫓을 때 다른 사람보다 몇 걸음만 늦어도 주변 사람들을 따라가지 못한다고 여겨 마음 한구석에서 불안과 초조를 느낀다. 사실 쓸데없는 걱정이다. 당신은 뒤처지지 않았고, 자신의 시간대에서 살고 있을 뿐이다. 인기리에 상영되었던 한 영화에 나왔던 대사가 떠오른다.

"뉴욕 시각은 캘리포니아보다 세 시간 빨라. 그렇다고 해서 캘리포니아 시간이 느려진 건 아니지."

23세에 대학교를 졸업했지만 5년 후에야 좋은 일자리를 찾은 사람이 있다. 26세라는 나이에 CEO가 되었지만 50세에 세상을 떠난 사람도 있다. 50세가 되어서야 CEO가 된 사람은 90세까지 건강하게 살았다. 어떤 사람은 결혼했지만 어떤 사람은 여전히 혼자 지낸다. 이 세상의 모든 사람은 다 자신만의 성장 시간대가 있다.

주변을 둘러보면 당신보다 앞선 사람도 있고, 당신의 뒤를 쫓아오는 사람도 있다. 하지만 사실 모두 각자의 시간대에서 자신의 여정을 달리는 중이다. 그 사람들을 질투하거나 비웃을 필요는 없다. 모두 저마다의 시간대에 있을 뿐이고 나 역시 그렇다.

삶은 행동할 적절한 시기를 기다리는 것이다. 그러므로 마음을 편하게 갖자. 당신은 앞서가지도 뒤처지지도 않았다. 운명은 나만의 시간대를 계획했고, 모든 것이 나만의 시각에 맞춰 이뤄진다. 따라서 '사회적 시계'에 너무 개의치 말자. 나만의 시간대에서 나의 시간을 잘 계획하면 그만이다.

일본 도쿄대학교 교수이자 우주공학 박사인 고료 미우라Koryo Miura도 자신의 시간대를 설정하고 그것에 맞춰 사는 사람이었다. 고료 미우라는 종이접기에 푹 빠져서 대부분의 시간과 에너지를 종이접기에 쏟았다. 사람들은 그가 자신의 재능을 낭비하고 있을 뿐 아니라 전공 분야에 대한 이상과 포부까지 잃어버렸다고 생각했다. 하지만 고료 미우라는 종이접기가 너무 즐거웠고 최선을 다해 종이접기를 연구했다. 그 후 그는 '미우라 접기'라고 불리는 놀라운 종이접기 방법을 발명했다.

종이를 '미우라 접기' 방법대로 접었다 펼치면 한 칸 한 칸이 평행사변형인 바둑판 모양이 나타난다. 이를 가볍게 슬쩍 밀면 바둑판 전체가 금세 하나로 접힌다. '미우라 접기'는 접거나 펼칠 때 모든 평행사변형이 구부러지지 않고 항상 평평함을 유지한다는 점이 가장 큰 특징이다. 남다른 길을 갔던 고료 미우라가 이루어 낸 발명은 항공우주 분야의 접이식 태양에너지 패널부터 의학 분야의 인공혈관 지지대까지 다양한 분야에 활용되면서 많은 사람이 혜택을 보았다.

오늘날 청년들은 고료 미우라처럼 또 다른 삶에 도전하고자 한다. 하지만 조금이라도 일반적인 규범을 벗어나면 지금껏 열심히 쌓아온 모든 것과 누려왔던 삶을 포기할 준비가 되었냐는 경고음이 울린다. 스스로도 불확실한데 주변에서 회의에 가득한 목소리가 들려오면 청년들은 위축될 수밖에 없다.

영국 요크대학교에서 박사 과정을 밟고 있을 때 석사 과정을 공부하던 친구를 알게 되었다. 40대를 코앞에 두고 있던 그 친구는 성적도 우수하고 학술연구 분야에 관심도 많아 더 심도 있는 연구를 위해 학업을 계속 이어 가고 싶어 했다. 그런데 그의 지도 교수가 "자네는 박사 과정까지 밟고 졸업하면 나이가 너무 많아. 취업할 때 경쟁력이 떨어질 거야."라고 말했다. 하지만 그 친구는 지도 교수의 말에 주눅 들지 않았고 학술연구에 나이는 문제가 되지 않는다고 생각했다. 친구는 그 후 런던대학교 박사 과정에 입학해 순조롭게 졸업했다. 몇 년 후 그는 뛰어난 연구실적으로 요크대학교의 교수가 되었다. 나는 그의 이야기를 자주 제자들에게 들려주며 격려한다.

꿈은 나이의 제약을 받아서는 안 되고 원하는 바가 있으면 좇아가야 한다. 자신의 시간대에서 멋진 인생을 살고 싶다면 너무 신중해서도 안 된다. 주변의 시선과 평가에 개의치 말고 남과 달라질 용기를 지녀라.

방법 2. 나와 다른 사람들과 어울리기

시야를 넓혀 나와 다른 사람들과 어울려 보자. 여기서 말하는 '다른 사람들'이란 보통 사람들이 볼 때 평범한 길을 가지 않는 남다른 사람들이다.

많은 사람이 얼마나 다양한 선택을 하는지, 얼마나 많은 가능성을 가지고 있는지 알수록 사물을 보는 포용성이 커진다. 그래서 나는 강의할 때 학생들에게 다양한 사람들과 만나고, 여러 인물전을 읽어 보라고 권한다. 그들에게서 생각지 못한 교훈을 얻을 수 있기 때문이다.

주변에 '남다른 길을 가는' 친구가 있다면 더는 자신이 이상한 사람이거나 혼자라는 생각이 들지 않을 것이다. 오히려 자신의 선택이 맞았다고 굳게 믿게 된다. 결혼하지 않는 당신을 보고 그들은 결혼이 필수가 아니며, 앞으로의 노후 계획은 어떻게 세워야 하는지, 어떤 보험을 가입해야 하는지 자세히 설명해 줄 것이다. 당신이 게임을 좋아한다면 그들은 일이나 열심히 하라고 핀잔을 주는 것이 아니라 당신과 함께 게임 산업과 문화에 대해 토론할 것이다.

Tips 쓸모 있는 심리학 산책

'사회적 시계'는 1965년 미국 시카고대학교 심리학과 교수 버니스 뉴가튼(Bernice Neugarten)이 존 무어(Joan W. Moore), 존 로(John C. Lowe)와 함께 제시한 개념이다. 사회적 시계는 인생의 중요한 일을 하는 데 적령기가 있다는 뜻을 담고 있다. 하지만 버니스 뉴가튼은 이 이론을 제시할 때 사회적 시계는 각 사회와 문화의 영향을 받으며, 세상에 동일한 기준이 적용되는 것은 아니라고 밝혔다.

오랜 시간 성인의 발달 상황을 연구한 버니스 뉴가튼은 미국 노인학학회 회장직과 미국 예술과학 아카데미(The American Academy of Arts and Sciences) 회장직을 맡는 등 활발히 활동했다. 미국 심리학회가 수여하는 금메달을 포함해 혁혁한 수상 경력도 자랑한다. 시카고대학교는 노인학 분야에 기여한 버니스 뉴가튼의 뛰어난 연구 성과를 인정하여 그녀 이름으로 노인학상 명칭을 만들었다.

Point 나이는 생리적인 판단 기준일 뿐이다. 나이가 심리적 관문이 되어서는 안 된다. 사회에는 관습적으로 형성된 '사회적 시계'가 있지만 사람들은 모두 자신만의 시간대가 있다.

나이 때문에 자신을 부정하지 말자. 나이는 장애가 될 수 없다. 당신을 옴짝달싹 못하게 묶는 것은 나이에 대한 공포감이고, 행복을 추구할 용기의 부족이다. 나이가 어떻든 누구의 인생이든 무한한 가능성이 있다.

😊 **생각해 보기**

나이에 대해 어떻게 생각하나요? 지금 하고 싶은 일이 있나요? 하지 않는 이유는 무엇인가요?

두 번째 인생은
'나'를 위해

　그리스 신화에 스핑크스Sphinx가 등장한다. 사람의 머리와 사자의 몸을 가진 스핑크스는 절벽을 지키며 행인에게 '아침에는 네 발로 걷고, 점심에는 두 발로 걷고, 저녁이 되면 세 발로 걷는 동물은 무엇인가?'라는 수수께끼를 낸다. 행인이 정답을 말하지 못하면 바로 잡아먹지만 정답을 말하면 스핑크스는 절벽에서 뛰어내린다. 행인들은 모두 정답을 맞히지 못했지만 오직 오이디푸스만이 '인간'이라고 대답한다.

　이 이야기가 오랜 시간 전해 내려온 이유는 IQ 테스트 같은 수수께끼가 깊은 인상을 주어서가 아니다. '사람은 어떻게 성장해왔고 우리는 자신을 어떻게 인식해야 하는가?'라는 철학적 사고가 배후에 숨겨져 있기 때문이다.

나는 누구인가? 나는 어디에서 왔고, 어디로 가는가?

자신을 인지하는 것은 평생 안고 가야 할 어려운 문제다. 푸런 대학교에서 제자들과 허심탄회하게 이야기를 나누는 자리에서 이런 말을 자주 들었다.

"교수님, 어떤 인생을 추구해야 할지, 어떤 사람이 되어야 할지 모르겠어요. 심지어 제가 어떤 사람인지도 모르겠어요."

한 여학생은 울상을 지으며 나에게 이렇게 말했다.

"전 깔끔하고 정돈된 주변 환경을 좋아하지만 반대로 지저분하게 내버려 둘 때도 있어요. 제게 매력이 많다고 생각하면서도 때로는 장점이 하나도 없는 것처럼 느껴지기도 해요. 모든 문제를 다 해결할 능력이 있는 것 같다가도 또 어떻게 해야 할지 몰라 도망가고 싶을 때도 있어요. 도대체 어떤 게 진짜 제 모습일까요?"

나는 웃으며 답해 줬다.

"그 모습들이 다 자네일세. 자네는 그 모습들이 전부 어우러져 있지. 자신을 알지 못하는 것 같고 미래가 어떨지 모르겠다고 생각하는 이유는 자신을 성장시키기 위한 중요한 과제를 완성하지 못했기 때문일세. 그게 바로 자아 정체감^{Self-identity}이지."

소크라테스는 '너 자신을 알라'고 했다. 노자는 『도덕경』에서 '남을 아는 사람은 지혜로운 사람이고, 자신을 아는 사람은 현명한 사람'이라고 말했다. 노자가 살던 시대로부터 3천여 년의 시간이 흘렀지만 '자아'에 대한 인류의 탐구는 멈추지 않았다. 자아 인지는 누구나 평생 반드시 마주해야 할 중요한 과제 중 하나이다.

심리학자들도 줄곧 이 과제를 연구해 왔다. 그중 저명한 심리학자 에릭 에릭슨Erik Erikson은 심리사회적 발달 이론Psychosocial developmental theory을 제시하고 인간의 발달 단계를 유아기, 청소년기, 성인기, 노년기 등 8단계로 구분했다.

마치 자전적 영화처럼 인간은 태어나면 자신만의 인생 각본을 갖고 '아이', '학생', '직장인', '배우자', '부모' 등 단계별 역할에 최선을 다한다. 단계마다 심리적 위기를 만나는데 그 위기를 원만하게 헤쳐나간다면 더 새롭고 성숙한 심리적 기질을 소유하고 인생의 다음 단계로 들어갈 수 있다. 하지만 위기를 잘 넘기지 못하면 다음 단계에서 그 위기가 다시 나타나 보충 수업을 해야 한다고 알려 준다.

현대 사회를 사는 사람들은 대부분 청소년기 단계의 발달이 늦춰졌고, 이 때문에 성인이 된 후에도 자신이 누구인지, 무엇을 좋아하는지 어떤 삶을 살아야 하는지 모를 때가 많다. 아직 자신을 찾지 못했으니 불안하고 막막하다. 청소년기의 발달 과제는 무엇일까? 청소년기 단계에서의 발달 지연이 성년이 된 후 어떤 영향을 미칠까?

에릭 에릭슨은 청소년기 단계에서 자신이 누구인지, 자신은 어디에서 왔는지, 앞으로 어디로 갈지 등의 질문에 대답하기 위해 노력해야 한다고 생각했다. 그리고 이 단계의 또 다른 중요한 과제로서 자아 정체감을 형성하고 자신이 어떤 사람인지에 대해 안정적으로 인지해야 한다고 여겼다. 예를 들어 자신의 한계점은 어디인지, 가치관이 무엇인지, 어떤 사람과 친구가 되고 싶은지, 앞으로 어떤 직업을 선택할지 등을 명확히 알아야 한다. 그러지 않으면 정체성의 위기가 나타나고 자신의 역할에 혼란을 느낀다.

어렸을 때부터 그림을 그렸던 나의 예술가 친구는 열 살쯤 되었을 때 평생 그림을 그리겠다고 다짐했다. 어린 나이에 자신이 갈 길을 안 그는 가족의 반대에 부딪쳐도 뜻을 꺾지 않았다. 그는 일찌감치 자아 정체감을 완성하고 자신의 사명이 무엇인지 알고 있었던 것이다.

캐나다 심리학자 제임스 마샤James Marcia는 에릭 에릭슨의 이론을 기반으로 청소년의 자아 정체감을 더 깊이 탐구했다. 또 탐색과 응답이라는 두 차원(단계적 위기를 만났을 때 탐색을 위해 노력하는 정도와 성실히 몰입하는 정도)에 따라 자아 정체감을 정체감 유실, 정체감 혼미, 정체감 유예, 정체감 성취의 네 상태로 나눴다.

(1) 정체감 유실 Foreclosure

자아 정체감을 너무 빨리 확인하고 별다른 탐색의 과정 없이 행동으로 나선다. 부모가 의사이기 때문에 자신도 의사가 되어야 한다고 생각하는 사람이 그 예다. 그는 다른 가능성을 생각해 본 적도 없고 자신이 의학을 좋아하는지도 모른 채 자신의 미래 직업을 정해 버렸다. 이런 경우 자아 정체감은 더 일찍 확립했지만, 자신에 대한 믿음이 견고하지 않아 실패하거나 부정적인 평가를 받으면 자기 의심에 쉽게 빠진다.

(2) 정체감 혼미 Identity diffusion

자신을 알지 못하고 이런 문제에 관심도 없이 그럭저럭 살아가는 상태다.

(3) 정체감 유예 Moratorium

자아를 탐색하기 위해 매우 노력하지만 아직 답을 얻지 못했다. 많은 사람이 느껴 봤을 감정으로 다양한 시도를 하지만 자신이 진짜 무엇을 좋아하는지 찾지 못한 것 같아 불안하고 막막하다.

(4) 정체감 성취 Identity achievement

여러 가지 시도와 탐색의 과정을 거친 후 자신을 명확하게 인지하고 미래의 인생 방향과 목표를 확정했다. 어려움과 좌절을 만나도 쉽게 흔들리지 않는다.

자아를 빨리 발견하는 방법은 뭘까? 자신에게 한 걸음씩 다가가 자기에 대한 인식을 높이는 방법을 살펴보자.

방법 1. 경계를 뛰어넘은 다양한 시도

경계를 뛰어넘어 다양한 시도를 하는 '투잡' 청년이 되는 것이다. 이미 말했듯이 자아 정체감은 지속적인 탐색과 시도를 통해 조금씩 확립할 수 있는데 이를 위해서는 성장 과정에서 여러 시도를 해야 한다.

어떤 직업을 좋아하는지 잘 모르겠다면 다양한 직업 분야를 알아보고 장점을 잘 살리고 좋아할 수 있는 직업을 찾아본다. 어떤 사람과 마음이 잘 통하는지 모르겠다면 여러 유형의 친구와 사귀면서 마음이 잘 통하는 사람들을 찾으면 된다. 어떤 배우자가 적합한지 모르겠다면 이성과의 교제 경험을 쌓으면서 잘 맞는 사람을 찾으면 된다. 시도하다 보면 좋아하든 좋아하지 않든, 성공하든 실패하든 그 과정에서 자신을 더 깊이 알아갈 수 있다.

일본의 유명 디자이너 요지 야마모토Yohji Yamamoto가 말한 것처럼 '자기 자신'은 눈에 보이는 게 아니라 무언가에 부딪힌 후 튕겨 돌아와야 '자기'를 이해할 수 있다. 경험을 통해 마음속 면모를 제대로 살펴야 진짜 자신을 찾을 수 있다.

외국에 갭이어Gap year라는 재미있는 교육 문화가 있다. 청소년들이 고등학교를 졸업한 후 일자리를 구하거나 대학교에 입학하기 전 장기 여행을 떠나서 다양한 사회 환경의 생활방식을 체험하는 전통이다. 영국에서 공부할 때 만난 친구들은 대부분 갭이어의 시간을 가졌다. 아프리카에 가서 의료보건 관련 지식을 전파한 친구도 있고, 동남아에서 현지 아이들에게 영어를 가르쳐 준 친구도 있었다. 세계 곳곳을 누빈 친구들은 자신을 조금 더 알게 되었고 자신이 진짜 원하는 인생 방향을 찾았다. 여건이 된다면 당신도 짧은 시간이라도 간절히 바랐지만 도전하지 못했던 일을 시도하고 그것을 통해 또 다른 가능성을 얻길 바란다.

방법 2. 지금의 나를 수용하고 나의 가능성 탐색하기

자아를 찾는 과정에서 새로운 시도를 하지 않아 정체감 유실이나 정체감 혼미에 빠지기도 하고, 노력해도 아직 자아를 찾지 못한 정체감 유예 상태에 놓이기도 한다. 당신이 이런 상황이라면 지금의 나를 수용하고 자신의 가능성을 계속 탐색하는 두 번째 방법을 제안한다.

성장의 과정은 나선형으로 상승한다. 자신을 찾고 자아 정체감을 형성하는 과제는 평생 계속될 수도 있다. 어느 단계에서 자신을 명확하게 인지한 것 같아도 다음 단계에서 새로운 변화나 갈등이 일어나면 새로운 가능성이 나타난다. 예를 들어 업무의 이동이나 결혼 및 자녀 출산 같은 인륜대사와 마주하면 자신의 역할을 재배치하게 된다.

따라서 진정한 자신을 찾지 못했다는 생각이 들어도 너무 불안해할 필요는 없다. 지금의 당신은 될 수 있었던 수많은 자신을 포기하고 선택한 결과다. 이러한 탐색을 통해 미래의 당신은 더 명확해진다. 그 과정에서 자신에게 책임을 다하는 법을 배우고 끊임없는 선택 속에서 나답게 사는 것이 중요하다.

Tips 쓸모 있는 심리학 산책

에릭 에릭슨이 1950년대에 발표한 인생 발달 단계 이론은 지금까지도 가장 널리 인정되고 있다. 에릭 에릭슨의 이론은 스승 안나 프로이트(Anna Freud)의 영향으로 정신분석학 기초가 담겨 있다. 따라서 그는 어떠한 단계에서 충돌이 일어났을 때 그것을 돌파할 방법이 없다고 여기면 앞으로 나아가지 못한다고 생각했다. 하지만 프로이트가 인간의 발달은 청소년기에 완성된다고 여긴 것과 달리, 에릭 에릭슨은 인간은 청소년기를 지나도 계속 발달한다고 생각했다.

안타깝게도 에릭 에릭슨은 50~60대 이상의 사람들에 대해서는 더 세분화하지 않았다. 그가 사망하던 1994년 즈음에는 세계적으로 고령화 현상이 심각하지 않아 고령 인구를 세분화할 필요를 느끼지 못했던 것 같다. 하지만 지금은 달라졌다. UN은 노년 인구를 '영 올드(60세~74세)'와 '올드 올드(75세 이상)'로 세분화했다. 세계 최대의 노인 조직 AARP(미국 은퇴자협회)도 2018년에 발표한 연구보고서에서 다섯 살을 단위 구간으로 하여 60세 이상의 사람들에게 어떤 심리적 수요가 있는지 각각 정의 내렸다.

Point

유명한 심리학자 칼 구스타프 융(Carl Gustav Jung)은 "누구나 두 번의 인생이 있다. 첫 번째 인생은 다른 사람을 위해 살고, 두 번째 인생은 자신을 위해 산다."라고 말했다. 지금까지는 쉬지 않고 여러 역할을 하며 살아왔다면 이제는 마음속의 자아를 찾고 나답게 살아야 한다.

자아를 찾아가는 길은 종점이 없을 수도 있다. 하지만 과거의 정체감 유실, 정체감 혼미 또는 정체감 유예 때문에 두려워할 필요는 없다. 지금의 자신을 수용하고 미래의 자신에게 조금씩 다가가면 된다.

😊 생각해 보기

자아를 찾는 과정에서 경험한 특별한 일이 있나요?

긍정 꼬리표는 붙이고
부정 꼬리표는 떼라

    사람들은 평소 알게 모르게 꼬리표를 붙인다. 처음 만났을 때 상대방의 몸매와 외모를 보고 외모 꼬리표를 붙인다. 다른 사람과 몇 마디 나눠 보고 행동을 관찰한 후에는 성격 꼬리표를 붙인다. 소셜 네트워크의 프로필을 훑어보고는 아주 능글맞은 사람이라고 생각한다. 위챗 모멘트를 둘러본 후에는 세상 물정을 모르는 사람이라고 판단한다. 별자리가 처녀자리라고 하면 결벽 증세가 있고 깐깐할 것 같다고 생각한다.

    당신이 다른 사람에게 꼬리표를 붙이는 사이, 다른 사람 역시 당신에게 꼬리표를 붙인다. 한편, 어떤 특정 사건으로 인해 자신에게 '미루기병 환자', '미련함', '성취욕 부족' 같은 꼬리표를 붙이기도 한다.

왜 우리는 꼬리표 붙이기를 좋아할까? 꼬리표가 나의 성장에 영향을 주지 않는 방법은 뭘까?

일상이 되어 버린 꼬리표 붙이기

우리는 컨베이어 벨트의 숙련된 작업자처럼 보고, 듣고, 관찰한 순간 나와 다른 사람에게 전혀 힘들이지 않고 꼬리표를 붙인다. 그런데 가끔 꼬리표를 잘못 붙일 때가 있다. 체중이 100킬로그램도 넘는 뚱뚱한 사람을 보면 행동이 느리고 굼뜨다고 생각하지만, 그는 흘러가는 구름과 물처럼 유려하게 왈츠를 춘다. 버스에서 노인에게 자리를 양보하지 않는 청년을 보고 이기적이고 공중도덕심도 없다고 생각했지만, 야간 밤샘 근무를 하고 잠이 든 청년이 앞에 노인이 있다는 걸 몰랐을 뿐이다.

잘못된 꼬리표를 붙일 수도 있는데 사람들은 왜 계속 꼬리표를 붙이려 할까?

이번에도 우리의 뇌에 관해 이야기하지 않을 수가 없다. 매일 복잡한 정보를 처리해야 하는 뇌는 인지 자원을 절약하기 위해 길고 긴 진화의 과정에서 '경제 법칙'을 만들어냈다. 뇌는 가장 경제적인 방식으로 사물을 빠르게 판단하기 위해 '꼬리표 붙이기'라는 시간과 힘을 절약할 수 있는 방식을 필요로 한다.

예를 들어 가족, 친한 친구 등 삶에서 중요한 위치를 차지하는 사람들에 대해서는 시간과 노력을 들여 알아가고 이해하고자 한다. 하지만 짧은 시간만 만나도 되는 사람이라면 또 다른 새로운 사람을 알아가는 데 써야 할 자원을 절약하기 위해 간단히 알아본다. 이때 그 사람들에게 '호탕하다', '믿을 만하다', '물고기자리라 여성미가 있다', '게자리라 섬세하다' 등의 꼬리표를 붙여 에너지를 아낀다.

또 어떤 부류의 사람들을 대략적으로 판단하고 그에 걸맞은 표준과 프레임을 만들면 다음에 비슷한 사람을 만났을 때 그를 해당 카테고리에 넣기만 하면 된다. 따라서 '꼬리표 붙이기'는 인류가 인지 자원을 절약하기 위해 조금씩 진화한 능력이라 할 수 있다. 유한한 인지 자원 때문에 어쩔 수 없이 타인에게 '꼬리표'를 붙인다.

일상이 되어 버린 '꼬리표 붙이기'는 우리에게 어떤 영향을 미칠까? 심리학에 '낙인 효과Effect of labelling'라는 용어가 있다. 자신이나 다른 사람이 붙인 꼬리표 때문에 무의식적으로 꼬리표가 정의 내린 방향으로 발전한다는 뜻이다.

부모님에게 자주 핀잔을 들은 아이가 있다.

"너는 어쩜 이렇게 멍청하니? 이렇게 간단한 문제도 풀지 못하잖아. 혼자서는 제대로 하는 일이 하나도 없어!"

시간이 흐른 후 아이는 자신에게 이런 판단을 내렸다.

"난 멍청해."

그 후 조금이라도 어려운 일을 만나면 이 꼬리표는 심리적인 암시를 보낸다.

'어쨌든 난 똑똑하지 않으니까 절대 잘 해낼 리가 없잖아.'

꼬리표는 이런 식으로 자신의 도전을 막는다. 마찬가지로 자신에게 '미루기병 환자'라는 꼬리표를 붙인다면 그 특징은 점점 더 뚜렷하게 발현된다. 일을 미룰 때 그 꼬리표가 이유가 되기 때문이다. 자신을 '미루기병 환자'라고 부를 정도이니 시간에 맞춰 할 일을 하지 않아도 그럴듯한 명분이 생긴다.

지금까지는 나쁘고 부정적인 꼬리표에 대해 말했다. 만약 긍정적인 꼬리표라면 어떨까? 누군가 당신에게 성격이 좋다고 칭찬하면 그에게 화를 낼 수 있을까? 패션 감각이 있다는 칭찬을 받으면 외출할 때 의상을 더욱 신경 쓰지 않을까?

꼬리표는 좋은 꼬리표든 나쁜 꼬리표든 자아 정체감의 방향을 정하는 데 막대한 영향을 미친다. 긍정적인 꼬리표가 붙었을 때는 긍정적인 영향을 받는다. 부정적인 꼬리표가 붙었다면 부정적인 영향을 받는다. 즉, 꼬리표를 붙이면 그 꼬리표가 암시하는 방향으로 발전하도록 유도된다.

꼬리표 붙이기는 양날의 검과 같다. 나의 성장을 유도할 수도 있지만, 반면 성장을 막을 수도 있다. 생각해 보자. 다른 사람에게나 나 자신에게 우리는 얼마나 많은 꼬리표를 붙였을까? 좋은 꼬리표, 나쁜 꼬리표, 확고한 꼬리표, 가볍게 웃어넘길 수 있는 꼬리표 등 모두 알게 모르게 자신에게 영향을 주었을 것이다.

그렇다면 '꼬리표 붙이기'를 어떻게 봐야 할까? 꼬리표의 제약에서 벗어나고 부정적인 영향이 아닌 긍정적인 역할을 발휘하게 하는 방법은 뭘까? 꼬리표의 긍정적인 영향과 부정적인 영향을 각각 구체적으로 소개해 보겠다.

방법 1. 꼬리표의 긍정적인 영향 발휘하기
우선 꼬리표의 긍정적인 영향을 발휘하는 방법을 알아보자.

긍정적인 꼬리표 붙이기
자신을 원하는 모습으로 바꾸고 싶다면 자신에게 긍정적인 꼬리표를 많이 붙여야 한다. 즉, 자신을 격려하고 원하는 특질을 활성화하는 것이다. 조급한 성격을 버리고 인내심을 기르고 싶다면 '인내심'이라는 꼬리표를 붙인 다음 조금 더 참고 참자고 자신을 다독이자. 이러한 심리적 암시를 받으면 바뀔 수 있다.

일부 소셜 네트워크 플랫폼에서는 '꼬리표 붙이기'를 통해 사용자 간의 친밀도를 높이거나 특정 행위를 더 드러내도록 요구한다. 예를 들어 당신이 어느 페이스북 팬 페이지의 1호 팬이라면 1호 팬이 된 후 당신의 행동은 어떻게 달라졌는가?

긍정적인 꼬리표를 많이 붙인다는 것은 어떻게 보면 '성장 마인드셋Growth mindset'의 개념과 비슷하다. 즉, 사람의 능력은 노력으로 키울 수 있고, 모든 일은 자신이 직접 바꿀 수 있다고 생각하는 것이다. 자신이나 다른 사람에게 긍정적일수록 긍정적인 변화의 힘이 생긴다.

방법 2. 부정적인 꼬리표의 영향 줄이기

긍정적인 꼬리표는 남겨 두고 부정적인 꼬리표는 과감히 뜯어내자. 이번에는 부정적인 꼬리표의 영향을 줄이는 방법이다.

자신에게 부정적인 꼬리표 붙이지 않기

부정적인 꼬리표를 붙이기 전 5초 동안 생각해 보자. 난 정말 그런 사람인가? 이것이 맞는가? 예를 들어 '난 성격이 이상하니까 나를 좋아하는 사람은 아무도 없어.'라고 생각하며 자신에게 '이상한 성격'이라는 꼬리표를 붙이기 전에 우선 멈추고 생각해 보자.

이상한 성격이라는 건 무슨 뜻일까? 이상한 성격이라면 어떤 모습을 보일까? 내가 정말 그런 모습을 보여주었을까? 다른 사람은 어떤 성격을 이상한 성격이라고 생각할까? 그들은 성격이 이상한 사람을 어떻게 대할까? 질문에 답하는 동안 자신을 다시 이해하게 되면서 꼬리표를 붙이려던 행동은 자연스럽게 멈추게 된다.

용감하게 'No'라고 말하기

자신의 꼬리표를 통제하는 건 가능하지만 다른 사람이 나에게 붙이는 꼬리표는 어떻게 통제할까? 누군가 우리에게 붙이는 꼬리표를 피할 수는 없지만, 그것을 바라보는 태도는 우리가 결정할 수 있다. 다른 사람이 부정적인 꼬리표를 붙여도 받아들이지 않거나 아예 과감히 떼어낼 수 있다는 말이다. 개인심리학 분야의 저명한 심리학자 알프레드 아들러Alfred Adler는 '과제의 분리Separation of subjects'라는 개념을 제시했다. 어떤 것이 자신의 과제이고, 어떤 것이 다른 사람의 과제인지 명확하게 구분하고 간섭하지 않는다는 의미다. 한마디로 'It's not your business.'다.

꼬리표가 붙었다면 각자 자신의 일을 잘하면 그만이라는 마음가짐을 가지면 된다. 그 사람이 꼬리표를 붙이는 것은 그 사람의 행위이고 당신과는 상관없다. 당신이 받아들이지 않으면 당신에게 전혀 영향이 없다.

Tips 쓸모 있는 심리학 산책

꼬리표의 영향은 매우 크다. 지능 테스트나 기억력 테스트를 할 때 시험지에 쓰는 출신이나 나이마저도 우리의 행동에 영향을 준다. 주관적이고 의식하는 꼬리표만 자신에게 영향을 미치는 것이 절대 아니다.

그러므로 나도 모르는 사이에 영향을 받은 경험이 있는지 되돌아보자. 판매직 점원에게 잘생겼다거나 예쁘다는 말을 듣고 기분이 좋아져 지갑 사수에 실패하지는 않았는가? 이 밖에 사투리를 쓰는 지방 사람에 대해서 사회가 전반적으로 꼬리표를 붙이기도 한다.

정보량이 폭발적으로 증가한 오늘날 꼬리표의 영향은 점점 심각해지고 있다. 이럴수록 꼬리표의 산물에 너무 의존하지 않도록 경계해야 한다. MBTI 분류도 그중 하나다. 사람마다 저마다의 개성이 있는데 어떻게 꼬리표로 모든 사람을 분류할 수 있겠는가.

Point

우리는 알게 모르게 꼬리표 붙이기 게임을 즐기고 있다. 긍정적인 꼬리표는 긍정적인 영향을 줄 수도 있기 때문에 꼬리표가 꼭 나쁜 것만은 아니다. 또 상황에 따라 좋은 영향을 주거나 나쁜 영향을 주는 꼬리표도 있다. 하지만 다른 사람이 붙이는 꼬리표가 싫다면 꼬리표의 굴레를 벗어날 방법을 생각해 보자. 무엇보다 중요한 건 나의 뜻대로 나답게 살아가는 것이다!

☺ 생각해 보기

자신에게 어떤 꼬리표를 붙였었나요? 그 꼬리표는 어떤 영향을 주었나요?

나쁜 성격은
없다

질문을 하나 하겠다. "당신은 자신의 성격을 잘 이해하고 있다고 생각하는가?" 아마 "저는 외향적인 성격이에요. 아주 활발하고 열정적이죠, 친구도 많아요."라거나 "전 내성적이에요, 조용하고 혼자 있는 것을 좋아해요." 또는 "전 내성적인 성향과 외향적인 성향의 중간 성격이에요."라고 대답할 것이다. 그렇다, 우리는 자신의 성격에 알게 모르게 꼬리표를 이미 붙여놓았다.

사람들은 대개 외향적인 성격이 더 좋다고 생각한다. 외향적인 사람이 더 인기가 많기 때문이다. 특히 지금처럼 누구나 주인공인 시대에 말주변이 좋고 열정적이고 외향적 성격을 지닌 사람의 인기는 점점 높아지고 있다. 그럼 내성적인 성격은 나쁠까? 내성적인 사람은 어떻게 해야 자신의 장점을 인지하고 내재적인 역량을 발휘해 성공할 수 있을까? 그런데 과연 좋은 성격과 나쁜 성격이 있을까? 사실 성격에는 좋고 나쁨이 없다. 외향적인 성격과 내향적인 성격은 그저 다른 성격일 뿐이다. 우선 내향적인 성격과 외향적인 성격의 다른 점과 각 성격의 장점을 알아보자.

처음으로 내향형과 외향형으로 성격을 나눈 사람은 심리학자 칼 구스타프 융이다. 그는 주변 세상과 이어졌을 때 흥미와 관심사의 차이가 내향형과 외향형을 구분하는 기준이라고 생각했다. 외향형 기질을 지닌 사람은 외적 세상에 더 관심을 가지고 외부 사람들과 사물에 쉽게 매료되며 모임에 참가하거나 사교활동을 통해 자신을 충전하고 에너지를 높인다. 반면 내향적 기질을 지닌 사람은 내적 세상에 더 관심을 두고 마음속 생각과 느낌에 이끌린다. 이들은 주로 의미 있는 탐구에 집중하고 혼자 있거나 생각하면서 에너지를 얻는다. 즉, 외향적인 사람은 넓게 좋아하고, 내향적인 사람은 깊게 좋아한다. 외향적인 사람은 사회활동을 좋아하고 내향적인 사람은 생각하는 것을 좋아한다.

내향적인 성격 vs 외향적인 성격

미국의 유명한 심리학 박사 마티 올슨 래니Marti Olsen Laney는 저서 『내성적인 사람이 성공한다』에서 내향적인 성격과 외향적인 성격의 차이점을 구체적으로 설명했다.

첫째, 외부 자극이 있을 때 내향적인 사람은 비교적 강렬한 반응을 보인다. 대중 앞에서 발언할 때나 중요한 업무를 혼자 맡아야 하면 긴장과 불안이 증가한다. 하지만 외향적인 사람은 이런 상황에 그다지 민감하지 않다. 이들은 오히려 외부 세상과 접촉하는 데 적극적이며 나아가 모험적이고 자극적인 체험을 추구한다. 이들은 인적 교류가 필요한 환경을 더 좋아한다.

둘째, 내향적인 사람은 충전 건전지와 같아서 대중 속에 있거나 사회생활을 하면 에너지가 급격히 소모된다. 이들은 구석에서 조용히 자신을 충전해야 한다. 따라서 내향적인 사람은 혼자 있는 것을 좋아하고 자신이 좋아하는 일을 하며 만족감을 느낀다. 반면 외향적인 사람은 태양에너지 패널과 같다. 외부 세상과 만나고 사회활동에 참여하면 태양을 만난 것처럼 에너지를 빠르게 흡수한다. 따라서 외향적인 사람은 떠들썩한 분위기를 좋아하고 사람들 속에서 활력이 넘친다. 하지만 혼자 있으면 심심하고 답답해한다.

셋째, 내향적인 사람은 깊이를 추구하는 경향이 있고 외향적인 사람은 넓이를 추구한다. 내향적인 사람은 다양한 분야를 두루 섭렵하지는 않지만, 관심 있는 분야에서는 깊이 있는 연구를 한다.

외향적인 사람은 섭렵 범위가 매우 넓고 관심 있는 분야를 다채롭게 탐색하지만, 시간과 에너지를 들여 깊이 있는 연구를 하는 경우는 많지 않다. 이런 특징은 인간관계에서도 나타난다. 내향적인 사람은 친구가 적은 편이지만, 단순히 알고 지내는 것 이상으로 깊은 교류를 하는 경향이 있다. 외향적인 사람은 마음을 알아주는 친구 두세 명에 만족하지 못하고 여러 친구와 어울리고 복잡한 인간관계를 처리하는 데도 능숙하다.

이렇듯 성격은 좋고 나쁨이 없다. 내향적인 사람과 외향적인 사람은 각자의 개성과 특징이 있고 각각 장단점이 있다. 내향적인 사람은 자신을 괴팍함, 민감함, 취약함 등의 단어와 묶을 필요가 없다. 이들에게도 깊은 생각, 강한 집중력, 높은 공감력, 경청하는 능력 등 장점이 많기 때문이다.

이제 내향적인 성격을 제대로 인지하고 받아들일 수 있게 되었을 것이다. 그렇다면 내성적 기질을 잘 활용하는 방법은 무엇일까? 사실 답은 간단하다. 단점을 극복하고 장점을 발휘하면 된다.

방법 1. 장점의 힘 발휘하기

우선 장점의 역량을 활용하는 방법에 대해 알아보자.

나만의 '아지트' 만들기

내성적인 사람은 조용히 혼자 있는 것을 좋아한다. 집이나 사무실에 '아지트'를 만들어 보는 것은 어떨까? 편안한 '아지트'에서 에너지를 회복하고 자기 충전을 하면 사회생활이 더 수월해진다.

나는 사무실에 나만의 '아지트'를 만들었다. 그리고 세계 각지에서 가져온 미피 토끼로 아지트 주변을 꾸몄다. 그곳에 혼자 앉아 내가 좋아하는 미피 토끼에게 둘러싸여 있으면 마음이 편안해진다. 나의 아지트에서 일과 삶에서 마주치는 복잡한 일들을 던져 버리고 내가 좋아하는 책을 읽으며 차를 한잔 마시면 금방 회복되는 기분이다.

전문 분야에 몰두하기

내성적인 사람은 결정을 내리기 전에 심사숙고한다. 그리고 목표를 정하면 최선을 다해 매진한다. 따라서 내성적인 사람은 전문 분야에 몰두하면 끊임없이 생각하고 깊이를 더해 가며 창의적인 연구 결론을 제시해 해당 분야의 전문가가 될 수 있다.

세계적인 감독 리안李安은 내향적인 사람이다. 그는 내성적이고 소심한 성격 때문에 곤란했던 적이 수도 없이 많았다고 고백한 적이 있다. 하지만 그는 영화에 대한 열정과 사랑이 식은 적이 없었고, 조용히 사색에 몰두하고 영감을 찾기 위해 쉼 없이 노력했다.

리안 감독은 내향적인 시각으로 사건과 인물을 새로운 관점으로 분석하고 감동을 주는 데 뛰어난 능력을 발휘했다. 덕분에 우리는 차분하면서도 흥미진진한 리안 감독의 작품을 만날 수 있다.

양질의 안정적인 대인관계 추구하기

내향적인 사람은 훌륭한 경청자이다. 마음이 섬세하고 공감력과 친화력이 뛰어나서 친밀한 친구 관계를 형성할 수 있다. 그러므로 양질의 안정적인 교우 관계를 형성하도록 노력하자. 사람 수나 교류의 기법에 치중하지 말고 진심을 바탕으로 깊고 풍부한 관계를 형성하자.

아주 내향적인 프로그래머 친구가 있다. 그는 컴퓨터 앞에 앉아 조용히 프로그래밍하는 것이 가장 큰 즐거움이다. 가끔 모임에 참가해도 말없이 자리를 지킨다. 하지만 친구들은 컴퓨터와 관련된 문제만 생기면 모두 컴퓨터에 능통한 그를 찾았다. 무뚝뚝해 보이는 그 친구는 사실 무슨 일이든 상대방의 의중을 잘 헤아렸다. 그에게 고민을 털어놓으면 그는 몇 마디만 나누고도 핵심을 말해 준다. 그래서 그는 사교활동을 좋아하지 않고 친구가 별로 없어 보여도 친구들과 마음을 다 터놓을 정도로 깊은 사이를 유지한다.

방법 2. 단점을 인지하고 극복하기

단점을 피한다는 것은 단점을 외면한다는 것이 아니라, 그것을 제대로 인지하고 극복해서 단점이 개인의 성장에 주는 영향을 낮추자는 것이다.

내향적인 사람은 감정을 주도하는 대뇌 편도체가 더 민감해서 외부 환경에 변화가 생기면 쉽게 영향을 받는다. 외부 환경의 영향을 줄이기 위해 다음과 같이 해 볼 수 있다.

사전에 시나리오 짜기

사전에 머릿속에서 영화를 돌려보는 것처럼 일의 전반적인 과정을 생각해 보자. 특히 여러 돌발 상황에 대해 어떻게 대응하면 좋을지 생각해 보는 것도 좋다. 사전에 전반적으로 예측하면 일이 기대대로 되지 않았을 때 빠르게 참고할 수 있어 긴장하거나 당황하는 감정을 미리 예방할 수 있다. 예를 들면 고위급 임원들이 참석하는 회의에서 보고서를 발표할 때 너무 긴장하거나 당황하지 않기 위해 발표문을 미리 작성하고 여러 번 연습해 본다. 임원이 관심을 갖거나 물어볼 수 있는 문제를 미리 준비하면 마음이 든든하고 침착한 대응이 가능하다.

걱정되고 불안한 감정 받아들이기

내향적인 사람은 외부 환경의 영향을 잘 받는다는 점을 받아들여야 한다. 그리고 돌발 상황을 만나면 급히 반응하기보다 자신의 감정을 잘 정돈한 다음 자신의 속도에 맞춰 처리해야 한다. 회사에서 실적이 나쁜 직원을 감원할 예정이라는 소식을 들었다면, 당황하지 말고 불안하거나 걱정되는 감정을 받아들인다. 그런 후에 차분하게 앞으로 어떻게 할지 생각하고 대응책을 준비한다.

자신의 과감한 시도를 격려하기

자신을 드러내야 하는 상황에서 내향적인 사람은 주저한다. 하지만 정말 하고 싶고 좋아하는 일이라면 위축된 마음을 내향적인 성격 때문이라고 단정짓고 그대로 끝내서는 안 된다. 내향인은 도전하지 못하거나 두려워하는 것이 아니고 변화에 민감할 뿐이기 때문에 에너지를 조금 더 써야 변화에 적응할 수 있다. 이때 자신을 억지로 바꿀 필요는 없다. 자신의 과감한 시도를 격려하고 한 걸음씩 탐색하도록 밀어주자.

Tips 쓸모 있는 심리학 산책

정신분석학 박사이자 결혼과 가정을 위한 심리치료사 마티 올슨 래니는 내향적 성격에 깊은 관심을 두고 아이부터 어른까지 내향인의 장점을 알리는 데 힘썼다. 그녀는 외향적인 남편과 40년이 넘도록 결혼 생활을 유지하고 있다. 부부는 외향인과 내향인이 친밀한 관계를 유지하는 방법과 성격이 다른 사람과 함께 지내는 방법 등에 대해 함께 책을 쓰기도 했다.

최근 민감한 기질이나 집중력과 관련된 내향적인 성격을 탐구하는 책이 주목을 받고 있다. 사실 성격마다 각각의 특성이 있다. 하지만 그 특성이 장점인지 단점인지는 사회, 문화가 그 특성을 용인하는지에 달려 있다. 그러므로 다른 사람이 임의로 붙인 꼬리표에 좌우되기보다 자신의 성격을 이해하고 자신이 처한 환경에서 무엇이 장점이 되고 단점이 되는지 생각하는 것이 중요하다.

Point 　　내향적인 성격과 외향적인 성격은 각각의 특징이 있다. 내향적인 성격은 천부적인 장점도 있지만 단점도 있다. 그러므로 자신의 성격을 정확하게 인지하고 받아들인 후 장점을 발휘하고 단점은 피할 방법을 모색해야 한다.

외향적인 세상에서 내향인은 사회적 여론 때문에 압박감을 느끼거나 자괴감에 빠지기 쉽다. 하지만 내향적인 성격에 큰 역량이 잠재되어 있음을 깨닫고 자신만의 속도와 우선순위로 자유로운 삶을 만끽할 수 있다는 것을 알아야 한다.

☺ 생각해 보기

당신은 내향인인가요, 외향인인가요? 일과 삶에서 성격의 한계를 넘어선 경험이 있나요?

열심히 노력한다는
착각

얼마 전 제자를 만나 함께 식사를 했다. 졸업 후 2년째 컨설턴트 회사에서 근무하는 그는 새로 부임한 상사에 대한 불만을 털어놓았다. 그의 상사는 겉으로 보면 훌륭한 우수 사원이었다. 날마다 제일 먼저 출근해서 야근까지 하면서 가장 늦게 퇴근했고, 가끔 급히 처리해야 할 업무가 있으면 아예 사무실에서 잠까지 잤다. 내가 말했다.

"아주 대단한걸. 그런 워커홀릭은 분명 사장님에게 사랑받을 거야." 제자가 반박했다.

"그 사람은 바쁜 척하는 거예요. 회사에서 제일 많이 하는 일이 회의를 소집하는 거예요. 몇 분이면 끝날 회의를 기어코 한 시간을 끈다니까요. 두세 사람이 할 수 있는 일을 열 명 넘게 끌어들여서 해요. 회의가 끝나면 메일에 회신하고 페이스북을 둘러보다가 동료들과 잡담을 나눠요. 아주 바쁜 모습으로요."

제자는 자신의 상사는 업무 효율이 떨어질 뿐 아니라 야근하는 풍조까지 만들어서 모두 어쩔 수 없이 사무실에 남아 야근을 한다는 것이다.

내 주변에도 그런 사람이 있는지 생각해 보자. 이른 출근에, 출장에, 야근까지 아주 바빠 보인다. 그들은 눈코 뜰 새 없이 업무에 매진하는 것 같지만, 그런 분주함은 효과가 없거나 심지어 게으름을 나타내는 징표다.

분주함은 게으름의 징표

교수로 일하는 동안 난 다양한 자질과 성격의 학생들을 만나 봤다. 전공과마다 유난히 노력하는 학생들이 있다. 그들은 책도 많이 읽고 수업 시간에 필기도 열심히 할 뿐 아니라, 복습도 열심히 하는 등 대부분의 시간을 공부하는 데 쓰지만 결과가 꼭 좋지만은 않았다. 이들은 졸업 후 직장에서도 같은 방식을 유지한다. 업무 시간에 열심히 일하고 야근도 자주 하며, 부지런히 노력하는 자신을 격려하며 모두가 인정하는 모범 사원이 된다.

나는 지금 성실과 근면함을 부정하며 노력하지 말라고 하는 것

이 아니다. 내가 말하고자 하는 것은 요령이 없는 '가짜 부지런함'
이다.

우리는 종종 순간의 실수로 가짜 부지런함의 함정에 빠진다. 낮
은 수준의 반복적인 행동을 하거나 피드백 없이 분주히 움직이는
자기 모습에 취하고 감동해 스스로 노력 중이라고 여기는 것이다.
하지만 오랜 시간 노력해도 원하는 결과를 얻지 못할 때는 쉽게
자기 의심에 빠지고 자신이 멍청하다고 생각한다. 분주함이 게으
름의 징표라고 한 이유가 바로 여기에 있다. 줄곧 낮은 수준의 반
복만 일삼고 분주히 움직이는 데 치중해 '생각의 게으름'을 감추
고 바쁠수록 효율이 떨어지는 굴레에 빠져 버린다.

몇 년 전 인기를 끌었던 베스트셀러 『아웃라이어』의 저자 말콤
글래드웰Malcolm Gladwell은 '1만 시간의 법칙10000-hour rule'이라는 유
명한 이론을 제시했다. 그는 빌 게이츠, 스티브 잡스, 최정상 운동
선수, 세계적인 음악가 등 업계에서 뛰어난 기량을 펼친 사람들을
비교한 후에 결론을 내렸다. 사람들이 천재라고 생각하는 이들이
월등하고 비범한 것은 천부적인 자질이 뛰어나서가 아니라 지속
적인 노력을 했기 때문이라는 것이다.
1만 시간의 훈련은 평범한 사람이 세계적인 대가가 될 수 있는

필요조건이고, 누구든 최소 1만 시간의 훈련을 거치면 전문가가 된다는 것이다. 성공을 갈망하는 청년들에게 '1만 시간의 법칙'은 노력만 하면 천부적인 자질이 없어도 세계 최고가 될 수 있다는 희망을 주었다.

그런데 1만 시간만 쓰면 정말 뛰어난 사람이 될 수 있을까?

훈련 시간과 성과의 관계에 관한 연구를 종합한 보고서에 따르면 훈련 시간이 길수록 성과가 좋을 수는 있지만, 훈련 시간이 성과 향상에서 차지하는 비중은 평균 20퍼센트 정도에 불과했다. 즉, 성과를 높이는 데 있어서 훈련 시간의 촉진 효과는 우리가 생각하는 것만큼 크지 않다는 것이다. 또 훈련에 많은 시간을 투자해도 훈련의 질이 좋지 않으면 효과도 떨어진다. 따라서 오랜 시간을 들인 훈련이 가져올 효과를 너무 기대해서는 안 된다.

최선을 다하는 훈련은 낮은 수준의 반복과 대조된다. 하나는 안전지대 밖에서 일어나고, 하나는 안전지대 안에 있다. 여기서 '안전지대'란 도전하려는 자세 없이 익숙한 환경에서 익숙한 일을 하는 태도를 의미한다.

최선을 다하는 훈련은 당신을 '학습 지대'로 끌어와 경험하지 못했거나 도전 성향이 강한 곳에서 자신을 향상시킨다. 또 최선을 다하는 훈련은 정확한 목표와 계획이 있지만, 낮은 수준의 반복은 명확한 목표나 피드백이 없다. 따라서 노력과 버티기만으로는 낮은 수준의 반복이라는 함정에 빠지고 자신마저 속이는 가짜 학습, 가짜 부지런함으로 변질되기 쉽다.

어떻게 해야 낮은 수준의 반복에서 벗어나 노력이 성과로 이어지게 할 수 있을까? 두 가지 방법을 살펴보자.

방법 1. 목표 확인을 통한 자가 점검

목표를 확인하고 자신의 노력을 점검하는 방법이다. 사람들은 너무 바쁜 나머지 자신의 목표가 무엇이었는지 잊고 가짜 부지런함에 빠진다. 목표는 일의 출발점이자 과정의 정확성을 점검하는 중요한 지표다. 가짜 부지런함인지 의심이 들면 목표까지 한 걸음 더 나아갔는지 차분한 마음으로 자신에게 물어보자. 스스로 질문하면 매일 하는 노력이 명확한 목표를 향해 가고 있는지, 이미 정해 놓은 목표와 상관없이 그저 바쁘기 위해 바쁜 것인지 깨닫게 된다.

당신의 목표가 업무 능력 향상이라면 자신에게 물어보자. 매일 핵심 업무에 쓰는 유효 업무 시간이 얼마나 되는가? 성과 평가와 관련된 중요한 업무는 완수했는가? 효율은 어떠한가? 업무 일지를 쓰면 매일 어디에 시간을 쓰는지, 대부분의 에너지를 차지하는 일이 핵심 업무와 관련 있는지 점검해 볼 수 있다. 그러면 자신이 과연 진짜 바쁜지, 시간을 어디에 썼는지 답이 나온다.

방법 2. 목표 의식을 가지고 고찰하기

목표를 확인하고 자가 점검을 통해 제대로 된 방향으로 갈 수 있다고 한다면, '복기復棋'는 낮은 수준의 반복을 벗어나 한 단계 더 성장하는 방법이다. '복기'는 바둑을 두고 나서 판국을 두었던 순서대로 다시 한 번 놓아 본다는 의미의 바둑 용어다. 대국의 주요 득실을 점검해서 공격과 수비의 빈틈을 찾아내며 연구하는 것이 목적이다. 프로 기사들이 실력을 높이는 가장 중요한 방법이기도 하다. 복기는 또한 실수를 피하고 효율을 높이는 기법으로 비즈니스 모델과 개인 관리 분야에도 점차 활용되고 있다.

우리가 낮은 수준의 반복을 일삼으면 매번의 성과가 잠재력을 형성할 수 없다. 즉, 이전의 노력과 성과가 그다음의 노력을 위한 기반이 될 수 없고, 결국 같은 자리에서 계속 머물러 더 나은 성과를 볼 수 없다.

사람이 성장하려면 앞선 노력이 그다음의 노력을 위한 발판이 돼서 체계적인 프레임을 만들고 잠재력을 쌓아야 한다. 이런 효과를 위해선 계속해서 복기하고, 지난번의 득실을 정리해 차후에 더 나은 모습으로 행동하기 위한 발판을 마련해야 한다.

복기하는 방법은 구체적으로 다음의 네 단계로 나눌 수 있다.

(1) 목표 기억하기: 애초의 바람이 무엇이었는지 생각해 보자.

예) 외국어 회화 능력을 높여서 외국인과 유창하게 대화하고 싶다.

(2) 결과 평가하기: 일정 기간의 노력과 훈련을 거친 후 자신의 학습 성과가 소기의 목적을 달성했는지 살펴본다.

예) 한 달 동안 단어를 외우고 미국 영화를 보았지만, 여전히 영어로 대화하기 어렵다는 것을 깨달았다.

(3) 원인 분석하기: 전체 과정에서 어떤 부분에 문제가 있는지 생각해 본다.

예) 단어를 외우고 영화를 보는 것만으로 회화 실력을 향상시킬 수 있을까? 더 효과적인 방법은 없을까?

(4) 경험 정리하기: 분석과 총정리를 통해 구체적인 행동을 계획한다.

예) 단어 외우기, 영화 보기 외에도 많이 말하고 연습하는 것이 중요하다. 무엇보다 외국인과 직접 대화하는 기회를 만들어야 한다.

복기를 마치고 나면 과거 어떤 행동이 문제였고, 제자리걸음을 벗어나 실력을 향상하고 개선할 방법이 무엇인지 깨달을 수 있다.

Tips 쓸모 있는 심리학 산책

1만 시간의 훈련이든 최선을 다한 훈련이든 어떤 측면에서는 모두 일종의 음모론이다. 훈련이라는 것은 의지만 있으면 누구나 할 수 있는 일이기 때문에 사람들은 자신에게 언제나 성공의 기회가 열려 있다고 생각한다. 하지만 무작정 낙관하기는 어렵다. 2014년 운동, 음악, 게임, 교육 등 분야에서 훈련이 해당 분야의 성과에 얼마나 기여하는지 비교하는 연구가 진행됐다. 그 결과에 따르면 훈련의 효과가 각 분야에 기여한 정도는 상당한 차이를 보였다. 예측성이 비교적 높은 게임 분야에서 훈련은 성과 도출에 어느 정도 기여했다. 하지만 교육 분야는 기여도가 5퍼센트 미만이었다. 이런 연구 결과가 있다고 해서 훈련의 효과에 실망할 필요는 없다. 다만 반복적이고 기계적인 훈련보다는 똑똑한 훈련에 치중하자고 자신을 다독여야 한다. 예를 들어 훈련할 때 힘과 시간을 아낄 수 있는 더 좋은 방법이 있는지를 생각해 본다면 더 나은 성과를 기대할 수 있다.

Point　이런 글을 본 적이 있다.

"평생 셔터를 누르는 사람이 사진작가가 되는 것은 아니다. 평생 글을 쓴다고 다 작가가 되는 것도 아니다. 공원에서 10년간 태극권을 연마한 사람은 쿵후와 전혀 관계 없다. 이는 제대로 된 노력이 아니기 때문이다."

본질적으로 낮은 수준의 반복을 이어 가는 것은 의미가 없다는 뜻이다. 노력과 성실함에도 전략이 필요하다는 것이다. 계속 낮은 수준의 반복만 일삼는다면, 노력할수록 피곤해지는 악순환에 빠진다. 분주한 행동으로 생각의 나태함을 덮지 말자. 꾸준한 노력도 필요하지만, 고개를 들어 갈 길을 봐야 한다. 효과적인 방법을 모색하고 최선을 다해 훈련하며 높은 수준의 복기까지 더해져야 한층 더 성장할 수 있다.

😊 생각해 보기

낮은 수준의 반복을 되풀이하지 않기 위해 또 어떤 방법이 있을까요?

학습된 무기력과
회복탄력성

"어른의 삶에는 '쉽다'라는 말이 없다.

Easy doesn't enter into grown-up life."

영화 〈웨더 맨〉에 나오는 명대사다. 어른들은 지쳤다고 외치면
서도 눈물을 머금고 앞으로 나아간다. 어떤 사람들은 가다가 낙오
하고 만다. 어떤 사람들은 눈물을 닦고 짐을 정리해서 계속 앞으
로 나아간다. 시간이 조금 흐른 후, 완전히 포기하는 사람도 있고,
앞으로 나아가지 못하는 사람도 있지만 끝까지 버텨내는 사람도
있다.

이유가 뭘까? 당신은 분명 그 사람과 마찬가지로 똑똑했고, 심지어 예전에는 그보다 더 우수했는데 두각을 드러낸 사람은 왜 당신이 아니고 그일까? 물론 외재적인 기회나 내재적인 능력 차이 등 이유는 많다. 하지만 확실한 것은 '역경에 대한 저항력', 그것이 인생을 달라지게 한다.

우수한 실력을 바탕으로 순조로운 삶을 살다가 갑자기 닥친 좌절을 이겨 내지 못하는 사람들이 있다. 그런데 어떤 사람들은 난관에 봉착해도 시련을 이겨 내고 바닥을 치고 올라와 더 큰 성과를 달성한다. 삶에서 마주치는 거듭되는 시련에 어떻게 대처해야 할까?

당신은 학습된 무기력에 빠졌는가?

1967년, 미국 '긍정심리학의 아버지' 마틴 셀리그만Martin Seligman은 '학습된 무기력Learned helplessness' 실험을 했다.

마틴 셀리그만은 개를 상자에 넣고 방울을 흔든 후 바닥에 전류가 흐르도록 해서 전기 충격을 가했다. 같은 상황을 여러 번 반복하자 개는 방울 소리만 들어도 회피 반응을 보였지만 벗어날 수 없었다. 그다음 마틴 셀리그만은 개를 다른 상자에 넣었다. 그 상자는 두 구역으로 나뉘었는데 한쪽은 전류가 통했지만 다른 한쪽은 전류가 통하지 않아 개는 전류가 통하지 않는 곳으로 도망갈 수 있었다. 하지만 개들은 전기 충격에서 벗어날 수 없는 운명이라 여기고 피하지 않았다. 마틴 셀리그만은 이를 '학습된 무기력'이라고 이름 지었다. 그는 사람도 여러 차례 실패를 겪고 나면 학습된 무기력에 빠져서 자포자기하고, 심지어 자신의 지능 지수와 능력을 의심한다는 것이다.

어려움을 이겨 낸 사람들의 공통점, 회복탄력성

우리는 살다 보면 이러저러한 어려움과 좌절을 경험한다. 그런 역경 때문에 깊은 골짜기에 빠지듯 학습된 무기력에 빠지기도 하고, 바닥에서 튀어 올라 인생의 새로운 단계로 진입하기도 한다. 이 차이를 결정하는 배후의 요소가 바로 '회복탄력성Resilience'이다. 회복탄력성은 심리적 근성, 회복력, 탄성, 적응 유연성 등 여러 의미와 상통하는 말로 과도한 스트레스를 받는 상황에서도 앞으로 더 나아갈 수 있는 능력을 일컫는다.

폴 스톨츠Paul Stoltz는 저서 『위기대처능력 AQ』에서 실화를 소개했다. 1996년 5월 10일 탐험대 다섯 팀이 에베레스트산 정상에 올랐다가 폭풍을 만나 열다섯 명이 조난당하고 일부만 생환했다. 그중 탐험대 대원이었던 벡 웨더스Beck Weathers도 거친 눈발이

휘날리는 설원에서 정신을 잃었다가 몇 시간 만에 깨어났다. 그는 자신이 곧 죽을 거라고 생각하면서도 힘겹게 캠프 방향으로 나아갔다. 다행히 그는 대원들을 만나 구조되었다. 저자 폴 스톨츠는 이 이야기를 통해 역경을 대하는 태도에 따라 사람들을 세 유형으로 분류했다.

(1) 조난을 당하면 물러서는 유형

회피하거나 포기하는 데 익숙하다. 창업에 실패하면 재기하지 못하고 자포자기하는 사람들이 이에 해당한다.

(2) 중도에 멈추는 유형

시작하자마자 시간과 에너지를 투입한다. 하지만 어느 수준에 도달하면 긴장을 풀고 중도에 머무르며 더 앞으로 나아가지 않는다.

(3) 고지에 오르는 유형

인생을 오래달리기라고 생각하며 순간의 성공과 실패에 연연하지 않고 최고봉에 오를 때까지 계속 앞으로 나아간다. 시련은 누군가에게는 걸림돌이 될 수 있지만, 또 다른 누군가에게는 발판이 된다. 중요한 것은 시련이 닥쳤을 때의 회복탄력성이 있느냐는 것이다.

성장하는 과정에서 누구나 이런저런 곤경과 도전에 직면하지만 회복탄력성이 위험을 극복하고 자아실현을 하도록 이끌어준다.

하지만 시간이 흐르면서 이런 역량은 변할 수 있다. 자신의 근성을 강화하면 회복탄력성은 높아지지만, 반대로 근성을 잃으면 회복탄력성이 약해질 수 있다. 회복탄력성과 스트레스는 시소의 양 끝에 앉은 것처럼 스트레스가 너무 커서 감당하기 어려운 임계치에 도달하면 그 사람은 무너지고 만다. 반대로 시련이 닥쳤을 때 회복탄력성을 높이면 그 후 다시 좌절이 찾아와도 난관을 넘어갈 수 있다.

이렇게 중요한 회복탄력성이 과연 선천적인지, 후천적으로 습득할 수 있는지 궁금할 것이다. 다행스럽게도 하버드 의학대학원 교수 조지 베일런트George Vaillant는 하버드대학교에서 50년간 진행한 추적 연구를 종합한 후 회복탄력성은 선천적인 것이 아니라 후천적으로 학습할 수 있다는 결론을 내렸다.

내부 시스템과 외부 시스템으로 나눠서 회복탄력성을 키우는 방법을 알아보자.

방법 1. 내부 시스템: 해석 태도

내부 시스템이란 스트레스를 받았을 때 긍정적이고 낙관적인 태도를 유지할 수 있을 정도로 크고 강한 마음이다. 추천하는 방법은 해석 태도, 즉 '시련을 바라보는 방법'에 관한 것이다.

눈앞에 닥친 시련이 압도당할 정도로 커서 아무것도 바꾸지 못할 것 같을 때 조난을 당하고 물러서는 유형의 사람이 될 수 있다. 하지만 이 정도의 고생은 앞으로의 성장을 위한 발판이 될 수 있다고 생각하면 그것을 직접 마주할 힘이 생기고 정상에 오른 등반가가 될 수 있다. 해석 태도는 시련을 바라보는 관점에 큰 영향을 미친다.

새옹지마가 알려주는 인생의 교훈

어렸을 때 한 번쯤은 '새옹지마寒翁之馬' 이야기를 들어 봤을 것이다. 새옹이라는 노인이 말을 잃어버리자 사람들이 이렇게 말했다.

"정말 안타깝네요!" 그런데 새옹이 이렇게 말했다.

"꼭 나쁜 일이라고 할 수 없소." 며칠 후 잃어버렸던 말이 또 다른 말을 데리고 돌아오자 모두 이렇게 말했다.

"정말 행운이군요." 새옹이 말했다. "꼭 좋은 일이라고 할 수 없소."

어느 날 새옹의 아들이 말을 타다가 그만 미끄러져서 다리가 부러지고 말았다. 마을 사람들이 새옹에게 말했다.

"너무 안타깝군요." 새옹이 말했다.

"반드시 나쁜 일이라고는 할 수 없소."

그 후 나라에서 전쟁을 위해 사내들을 징집할 때 새옹의 아들은 다리 부상 때문에 징병을 피할 수 있었다. 새옹은 불행은 오래가지 않고, 아무리 나쁜 상황도 영원하지 않을 거라고 생각했다.

좌절은 누구나 겪는 일이고 시간이 흐르면 상황은 나아질 것으로 생각하자. 그러면 시련이 종이호랑이처럼 느껴져서 더는 두렵지 않을 것이다.

이혼 후의 깨달음

서른다섯 살의 한 여성은 5년간 이어 온 결혼 생활에 종지부를 찍었다. 이유는 배우자의 지속적인 외도 때문이었다. 양가 부모는 모두 그녀에게 남편을 용서하고 가정을 유지하라고 권했다. 나이가 적지 않은데 이혼하면 재혼 상대를 찾기 어려우리라는 것이 이유였다. 그녀 역시 이혼 후의 삶이 두려웠지만 결국 이혼을 선택하고 다시 일하기 시작했다. 그녀는 최근 요가 클래스를 열었는데 몸과 마음이 건강해져 전보다 더 젊어 보였고 그녀에게 호감을 나타내는 사람이 적지 않다고 했다. 그녀는 돌이켜 보면 힘겨웠던 결혼 생활에 고마움을 느낀다고 했다. 자신의 인생 가치를 다시 살펴볼 계기가 되었기 때문이다. 그런 경험이 없었다면 그녀는 자아를 잃었을 수도 있고, 소유한 것을 내려놓지 못해서 우울증에 걸렸을지도 모른다.

사람들이 역경을 떠올릴 때 역경에 따른 고난이 자신에게 새로운 의미를 주었다는 생각이 드는 순간이 있다. 즉, 역경에서 빠져나와 역경 자체를 다시 보면 예전처럼 당황하고 두려워하는 것이 아니라 대화할 용기와 빠져나올 힘을 얻는다. 긍정적으로 해석해 역경에 의미를 부여하면, 역경을 통해 많은 교훈을 얻을 수 있다. 하지만 스트레스가 너무 클 때 혼자 버티는 것은 역부족이다. 이럴 때는 외부의 힘을 찾아 외부 지원 시스템을 구축해야 한다.

방법 2. 외부 역량: 외부 지원 시스템 구축하기

외부 지원 시스템의 원천은 가족이나 친구 같은 친밀한 관계의 지인과 롤 모델, 위인전에 등장하는 인물이다. 그들을 통해 힘을 얻으면 역경을 이겨 내고 재기할 수 있다.

가족과 친구는 최고의 지원군

어린 시절을 떠올려 보자. 울음을 터뜨릴 때마다 부모님의 품에 안겼다. 지금 성인이 되었다고 해서, 부모님을 속상하게 할까 봐 시련을 숨기거나 부모님의 관심을 회피할 필요는 없다.

가족과 마찬가지로 친구도 나를 가장 잘 이해하는 사람들이다. 단 한 명의 친구라도 곤경에 처한 나에게 커다란 위로를 준다. 스트레스를 받을 때 나를 사랑하는 가족과 친구를 떠올려 보자. 최고의 지원군인 그들에게 용기를 내어 도움을 구하자. 특별한 상황에서 그들과의 관계는 더욱 단단하고 깊어질 수 있다.

롤 모델은 에너지 공급자

존경하는 롤 모델 역시 시련을 겪고 있는 내게 힘을 준다. 나는 역사적인 인물 중에서 중국 송나라의 문인인 소식蘇軾을 가장 존경한다. 단순히 소식의 문장력이 뛰어나서가 아니라 곤경에 처해 있을 때도 호탕한 모습을 보였기 때문이다. 여러 차례 유배당했던 소식은 생활이 곤궁했지만 언제나 차분하고 낙관적인 마음을 유지했다.

> "누가 인생은 다시 젊어질 때가 없다고 말했는가? 문 앞의 물은 여전히 서쪽으로 세차게 흐른다. 자신이 늙었다고 시간이 빠르다며 탄식하지 말라誰道人生再無少？門前流水尚能西！休將白髮唱黃雞."

비가 내리던 날 소식은 홀로 대나무 지팡이로 땅을 짚고 차분히 전진하며 말했다.

절망적인 상황에서도 포기하지 않는 사람 한두 명만 찾아보자. 주변 친구든 역사 속 인물이든 그들의 이야기를 접하면 큰 힘이 된다.

Tips 쓸모 있는 심리학 산책

미국 긍정심리학의 대가 마틴 셀리그만은 현재 펜실베이니아대학교 긍정심리학 센터장으로 활동하고 있다. 현재까지 350편 이상의 학술 논문을 발표하고 서른 권이 넘는 저서를 출간했는데, 그중 『긍정심리학』 『플로리시』 등은 한국에서도 출간된 바 있다. 그는 긍정심리학의 기초연구, 응용연구, 임상 실무 등의 분야에 기여한 공로로 많은 상을 수상했다.

사람들이 긍정심리학과 긍정적인 사고를 동일시하지만 두 개는 전혀 다르다. 긍정심리학은 긍정적인 느낌을 맹목적으로 추구하는 것이 아니라, 과학을 기반으로 더 의미 있고 충실한 삶을 살아가는 방법을 탐구한다. 긍정심리학에 흥미가 있는 독자라면 자기 점검 도구 등 풍부한 자료를 소장하고 있는 펜실베이니아 긍정심리학센터 사이트를 방문해 보길 바란다.

Point 성공을 가늠하는 기준은 서 있는 정상의 높이가 아니라 절망의 늪에 빠졌을 때 '튀어 오르는 힘'이다. 회복탄력성이 높은 사람은 잠재력을 동원해 곤경에 맞선다. 자신만의 내부 시스템과 외부 지원 시스템을 만들어 회복탄력성을 키우도록 노력하자. 인생이 내게 준 가장 '잔혹하고 씁쓸한 레몬'이 어느새 '새콤달콤한 레몬주스'로 바뀔 것이다.

☺ 생각해 보기

어둡고 암울했던 시절, 시련을 어떻게 극복했는지 떠올려 보세요.

PSYCHOLOGY
answers
ANXIETY

직장에서의

불안은 어떻게

이겨 내는가?

직장생활을 하는 현대인이라면 직업의 불안이라는 말이 낯설지 않다.

누구나 안정적인 일, 높은 임금, 승진을 바란다.

하지만 업계 경쟁이 치열한 오늘날,

일터에서의 우리는

과도한 스트레스와 탈진이 버거워

퇴사하고 싶은 마음이 가득해도 차마 그러지 못한다.

직장에서의 불안에 어떻게 대처해야 할까?

감기처럼
피할 수 없는 번아웃

　당신은 한 회사에서 가장 오래 근무한 기간이 몇 년인가? 5년? 8년이면 긴 편인가? 그럼 한 기업에서 오래 일해서 기네스북에 오른 기록은 몇 년일까? 자그마치 81년 하고도 85일이다. 이 기록을 만들어낸 사람은 브라질 출신의 월터 오스만Walter Orthmann 이다. 15세에 방직 회사에 취직한 그는 처음에는 배달부 직원이었지만 나중에는 마케팅 매니저가 되었다. 2019년 96세의 월터 오스만은 비로소 80년 넘게 근무한 회사를 떠났다.

　대부분의 사람에게 한 회사에서 80여 년을 근무한다는 것은 상상도 할 수 없는 일이다. 특히 이직률이 높은 오늘날에는 3, 4년에 한 번씩 이직하는 사람들이 많다. 오랜 시간 한 직장에서 일하지 못하는 이유는 무엇일까? 이유는 많겠지만 보편적인 이유는 현재의 직업에 신선함을 느끼지 못하고 번아웃^{Burnout}이 찾아오기 때문이다.

번아웃 증후군이 찾아오는 이유

회사에서 한동안 또는 몇 년 동안 같은 일을 반복하느라 몸과 마음이 지치고 에너지도 다 써버린 느낌을 느껴 본 적이 있는가. 출근할 때마다 형장에 끌려가는 것 같고 아무것도 하고 싶지 않고 누구하고도 말하고 싶지 않고 그대로 사라져버리고 싶다. 업무를 겨우 다 마치고 퇴근할 때까지 버텼는데 다음 날 또 이런 죽음의 순환을 계속해야 한다.

허탈함과 무기력함을 느끼는 번아웃 증후군을 앓는 이유는 뭘까? 이런 피로감을 줄이는 방법이 있을까?

번아웃 증후군, 영문으로는 'Occupational burnout' 또는 'Burnout'이라고 하며 연소, 소진의 의미를 지닌다. 독일계 미국 학자 허버트 프로이덴버거^{Herbert Freudenberger}는 교사, 의료진 등 고강도 업무 종사자를 관찰하다가 최초로 이 개념을 제시했다. 치열한 경쟁과 주 6일제나 다름없는 업무 시간, 나날이 높아지는 주택 자금 및 물가 부담 등 사회경제적 압박 때문에 대내외적으로 이중 스트레스를 받는 현대인이 늘어나고 있다. 이들은 자신을 '회사의 노예'라고 일컬으며 직업적 탈진 상태인 '번아웃 증후군'에 빠진다.

번아웃 증후군에 관한 책 『번아웃의 진실The Truth about Burnout』이 대만에서 '회사의 수면자-번아웃 증후군 이겨 내기'로 번역되었는데 '회사의 수면자睡眠者'라는 표현이 참 적절한 것 같다. 번아웃 증후군을 앓는 사람은 비록 몸은 회사에 있지만 몸과 마음이 피로감, 무력감, 나아가 혐오감에 시달리는 상태다. 이런 탈진 상태는 말로 표현하기 어렵지만 아주 뚜렷한 증상이 있다. 사회심리학자 크리스티나 마슬락Christina Maslach은 심각한 번아웃은 다음의 세 증상으로 나타난다고 말했다.

(1) 감정적 쇠진

이는 가장 뚜렷한 증상이다. 신체뿐 아니라 정신적으로도 피곤하다. 출근만 하면 우울하고 업무를 처리할 때도 무기력하다. 며칠 휴가를 내고 쉬어도 증상이 나아지지 않는다. 간혹 '몸이 탈탈 털렸다'라고 표현하는 사람들이 있는데 이와 비슷한 느낌이겠다.

(2) 친화성 상실

번아웃을 겪고 있다면 주변 사람에게 차갑게 대하고 업무도 대강 처리한다. 사장이든, 동료든, 고객이든 아무도 마음에 들지 않아 그들과 소통하는 기회는 되도록 피하고 싶고 어서 빨리 그곳을 떠나고 싶은 마음뿐이다. (번아웃을 겪을 때 이런 증상이 있었는가?)

(3) 성과 저하

일을 통해 만족감과 성취감을 느낄 수 없고 자신의 업무가 귀찮고 재미없으며 가치도 없다는 생각이 든다. 또 자신의 재능을 발휘할 수 없어 성장할 수 없다고 여긴다.

위의 세 가지 증상을 한마디로 요약하면 '마음이 지쳤어, 기분 나빠, 난 안돼'다. 현대 사회에서 번아웃을 피할 수 있는 사람은 거의 없다. 번아웃 증상이 나타날 것 같으면 다음의 두 방법을 시도해 보자.

[심각한 번아웃을 드러내는 표현]

방법 1. 매일 조금씩 변화 주기

번아웃 증후군을 앓아 심리적으로 피곤하다고 해서 행동까지 나태해져서는 안 된다. 아무것도 하기 싫다고 자신을 내버려 두면 탈진 상태가 악화될 뿐이다.

번아웃을 완화할 수 있는 첫 번째 방법은 기계적인 움직임을 멈추고 매일 조금씩 변화를 줘서 '제자리에서 뱅뱅 도는 듯한 느낌'을 벗어나는 것이다.

방법을 바꾸자

대학교에서 국제경제무역을 전공한 여학생이 4학년 때 외국 무역 회사의 인턴 과정에 합격했다. 그녀는 그곳에서 자신의 능력을 펼치길 기대했지만, 상사가 그녀에게 준 임무는 영수증 붙이기였다. 매일 아침 그녀는 재무부에서 받아온 두툼한 영수증 뭉치를 분류해 풀로 고르게 붙여야 했다. 그 일을 반복한 지 30일째가 되자 그녀는 더 이상 앉아 있기가 힘들었다. '내 능력을 발휘하며 새로운 것을 배우기 위해 이 회사에 왔는데, 매일 이렇게 영수증이나 붙이고 있다니, 인재 낭비 아니야?'

그녀는 상사를 찾아가 퇴사하겠다는 생각을 밝혔다. 서른 살이 넘은 여자 상사는 그녀의 이야기를 묵묵히 듣고 자신의 노트북을 가져와 10년 전 만든 엑셀 양식을 보여주었다. 그 시절 여자 상사의 임무 역시 그녀와 같은 영수증 붙이기였다. 매일 반복적으로 하는 일에 상사 역시 싫증이 났고 더 배울 것이 없으니 이직해야겠다고 생각했다고 한다.

어느 날, 그녀는 영수증을 다 붙이고 나서 시간이 남자, 오피스 소프트웨어 활용 능력을 높이고 싶은 마음에 엑셀 프로그램을 이용해 영수증 자료를 통계 내서 정리했다. 그러던 중에 거래량이 많지 않던 한 중소기업의 주문량이 최근 한 달간 조금씩 늘어나고 있다는 사실을 발견했다. 반대로 회사의 VIP 고객 기업은 주문량이 급격히 줄어든 상태였다. 그녀는 통계 자료를 팀장에게 발송했고 자료를 바탕으로 그 중소기업에 집중하고 관계를 잘 유지해야 한다고 건의했다. 그녀의 건의는 수락되었고, 그녀는 인턴 기간을 마치고 정규 직원으로 채용됐다. 상사는 자신의 이야기를 끝내고 여학생에게 말했다.

"소라 껍데기 안에 불당도 짓는다는 말이 있어. 의지만 있으면 아무리 따분하고 무미건조한 일이라도 남다른 성과를 만들 수 있어."

기계적으로 같은 일을 매일 반복하면 탈진하게 마련이다. 하지만 능동적으로 새로운 변화와 시도를 한다면 활기를 되찾을 수 있다. 비록 업무 내용을 바꿀 수는 없지만, 반드시 기존 방식을 고수하며 임무를 완수하라고 하는 사람도 없다. 툴을 활용하면 데이터를 처리할 때 효율이 올라가지 않을까? 더 원활한 작업 프로세스를 위해 할 수 있는 방법도 연구해 보자. 매일 업무에 조금씩 변화를 준다면 효율적인 방법을 찾게 될 것이다.

마음가짐 바꾸기

업무 방법을 바꾸는 것 외에도 마음가짐에 변화를 줄 수도 있다. 번아웃은 무서운 게 아니다. 그것은 21세기 직장인이라면 누구나 걸리는 감기처럼 아무도 피할 수 없고 완전히 치료할 수 있는 특효약도 없는 유행병이다.

번아웃이라는 친구와 소통하는 방법을 배워야 한다. 번아웃이 단계적으로 나타날 때 정체를 제대로 보고 조절해야 한다. 번아웃이 찾아오면 감기를 대하듯 "응, 또 왔구나. 어서 와, 나의 오래된 친구."라고 말해 보자. 조금 더 가벼운 마음가짐으로 번아웃을 대하면 무섭거나 심각해지지 않는다.

방법 2. 샌드위치 작업법

마음가짐을 바꾸고 업무에 변화를 주었지만, 여전히 지치고 고달픈 느낌이 사라지지 않는다면 두 번째 방법인 '샌드위치 작업법'으로 번아웃을 해소해 보자.

이 방법은 시간 관리 전문가 엘리자베스 그레이스 손더스 Elizabeth Grace Saunders가 제시했다. 샌드위치는 식빵과 내용물이 차곡차곡 쌓여서 한입에 물면 영양이 우수하고 아주 맛있다. 샌드위치 작업법은 샌드위치를 만들 듯 자신이 좋아하는 일과 좋아하지 않는 일을 교대로 처리하는 것이다.

엘리자베스 그레이스 손더스는 자신도 이 방법을 자주 활용해 좋아하는 일을 하기 전에 좋아하지 않지만 반드시 해야 할 일을 끝낸다고 했다. 그렇게 하면 좋아하지 않는 일까지 완성할 수 있어서 훨씬 유쾌하다는 것이다. 이는 사람들이 음식을 먹을 때 좋아하는 음식을 가장 나중에 먹는 것과 같은 이치다. 즉, 자신이 좋아하는 것을 마지막에 누릴 수 있는 포상이라고 생각하면 좋아하지 않는 것을 먹을 동기가 생긴다.

무기력하고 귀찮아서 업무를 처리하기 힘들다면 이 방법을 사용해 보자. 좋아하는 일과 그렇지 않은 일을 분류한 다음 번갈아 가면서 진행하면 재미없는 일도 견딜 만하다.

Tips 쓸모 있는 심리학 산책

실무 경험을 기반으로 '번아웃'이라는 개념을 최초로 제시한 사람 중 한 명인 허버트 프로이덴버거는 '번아웃'이란 '직장생활이 초래한 심리 및 생리적인 소진 상태'라고 판단했다. 이후 그는 게일 노스(Gail North)와 함께 번아웃을 다음의 12단계로 나눴다.

1. 자신을 증명하기 위한 압박 2. 업무 매진 3. 욕구 무시 4. 충동적인 이직 5. 가치관 재정립 6. 드러난 문제 부인 7. 위축 8. 이상한 행동 변화 9. 정신력 붕괴 10. 마음의 공허함 11. 우울 12. 번아웃

번아웃은 매우 중요한 문제이기 때문에 세계적으로 표준화된 번아웃 테스트가 있다. 그중 MBI(Maslach Burnout Inventory)가 현재 가장 널리 사용되고 있으며 의료진, 교육계 종사자를 대상으로 한 다양한 버전이 있다.

Point 　한 직장에서 오래 일하면 누구나 변함없는 일상에 무료함과 나아가 혐오감을 느끼기도 한다. 이럴 때는 천편일률적인 업무 리듬에 약간씩 새로운 변화를 주자. 또는 샌드위치 작업법을 활용해서 무미건조한 업무 사이사이에 좋아하는 일이나 잠깐의 휴식을 추가해 주면 탈진감을 해소할 수 있다. 마음가짐만 문제없다면 같은 직장에서 몇십 년을 일한다고 해서 탈진감이 반드시 찾아오는 것은 아니다.

😊 생각해 보기

직업을 자유롭게 선택할 수 있지만 유일한 조건이 10년간 직업을 바꾸지 못하는 것이라면 어떤 직업을 선택하겠어요? 그 이유는 무엇인가요?

무기력을
떨쳐내는 법

한 팬으로부터 편지를 받은 적이 있다.

저는 요즘 출근하면 정신이 맑지 않고 체력도 많이 떨어져서 항상 졸아요. 매일 불안하고, 불면증에 시달리는 데다가 하루하루 숨 돌릴 틈도 없이 바쁜 것 같아요. 일이 전혀 즐겁지 않은데 어쩌면 좋죠?

편지를 보낸 이 사람처럼 우울하고 무기력을 느끼는 회사원이 많다. 이른 아침부터 상사가 회의에 참여하라고 호출한다. 회의를 30분 정도 듣다 보면 집중력이 떨어지고 점심 식사를 마치고 나면 졸음이 몰려온다. 이때 잠깐이라도 눈을 붙이지 않으면 오후

내내 기운을 차릴 수 없다. 퇴근 시간까지 아직 한참 남은 오후이지만 일할 마음은 사라졌고 머리가 굳었는지 복잡한 문제가 전혀 풀리지 않는다. 드디어 찾아온 밤, 이상하게도 몸은 지쳤는데 잠을 푹 잘 수 없다. 피곤하고 바쁜데 우울하기까지 해서 일할 기운이 없다면 에너지를 관리해 활기를 회복해야 한다.

짐 로허의 에너지 관리 피라미드

에너지 관리란 뭘까? 에너지 관리는 구체적으로 어떻게 하는 것일까? '에너지 관리'라는 말은 심리학자 짐 로허Jim Loeher와 그의 사업 파트너 토니 슈워츠Tony Schwartz가 『몸과 영혼의 에너지 발전소』에서 제시했다.

짐 로허는 '에너지 관리'의 의미를 설명하기 위해 피라미드 모형을 만들었다. 피라미드를 머릿속에 그려 보자. 아래부터 위까지 네 개의 층이 있는데 아래층부터 순서대로 각각 '신체적 에너지', '감정적 에너지', '정신적 에너지', '영적 에너지'다.

이 모형을 이해하면 에너지 관리란 무엇인지, 에너지 관리를 잘해야 하는 이유가 뭔지 알게 된다. 이제 피라미드의 제일 아래층부터 각 층의 구체적인 의미를 하나씩 들여다보자.

가장 아래층인 '신체적 에너지'는 에너지 관리의 기초다. 이는 이해하기 쉽다. 체력이 뒷받침되지 않으면 컨디션이 나빠 활기가 부족하고 피곤하다. 이는 자동차에 엔진이 장착되어야 마력이 생기는 것과 마찬가지다. 체력이 좋은 사람은 심폐 기능도 좋고 뇌로 전달되는 혈액과 산소량도 풍부해서 오랜 시간 일해도 피곤하지 않다.

세계적으로 명성이 높은 기업가와 엘리트 중 99퍼센트가 체력 단련을 중시한다. 중국 최대 부동산 기업 차이나 반케China Vanke의 창업자 왕스王石는 등산을 좋아하고, 알리바바의 창업주 마윈馬雲은 태극권을 좋아한다. 페이스북 설립자이자 CEO인 마크 저커버그 Mark Zuckerberg는 달리기를 좋아한다. 왕성한 체력을 유지해야만 고강도의 업무와 학습을 이어 갈 수 있다.

그다음 층은 '감정적 에너지'다. 감정과 에너지가 직접적인 관계가 있을까? 물론이다. 만약 오늘 아침 차가 막혀서 회사에 지각

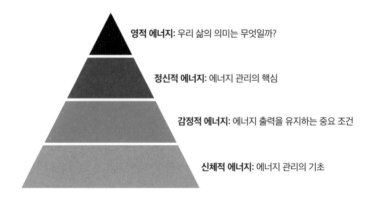

영적 에너지: 우리 삶의 의미는 무엇일까?

정신적 에너지: 에너지 관리의 핵심

감정적 에너지: 에너지 출력을 유지하는 중요 조건

신체적 에너지: 에너지 관리의 기초

을 했는데 상사가 면전에서 비난한다면 기분이 좋을 리가 없다. 이런 일이 발생하면 오전 업무까지 영향받는다. 하지만 정신이 맑고 기분이 좋으면 그날은 에너지가 넘치는 것 같고 힘이 솟는다.

'감정의 불안'과 관련된 많은 심리학 연구 결과에 따르면, 감정은 사람의 기억력, 결정력, 인지 능력에 영향을 미친다고 한다. 따라서 긍정적인 감정은 에너지 출력을 유지하는 중요한 밑받침이 된다.

에너지 관리를 할 때 체력이 기초이고 감정이 중요한 조건이라면 그 위층에 자리하고 있는 '정신적 에너지'는 에너지 관리의 핵심이다. 정신을 집중할수록 에너지를 효과적으로 출력하고 뛰어난 결과를 만들 수 있다. 집중하지 못하면 공회전하는 엔진처럼 에너지를 출력할 수 없고 성과도 미미하다. 효율적인 업무와 학습은 고도의 집중이 필요하다. 이는 전문가와 일반인의 가장 큰 차이이기도 하다.

피라미드의 맨 위층은 '영적 에너지'로 삶의 의미가 무엇인지 고민하는 단계다. 삶의 의미를 찾으면 정신적으로 만족하고 일에 열정을 품고 잠재력을 끌어내 최대의 에너지를 만들어낸다. 완전히 몰입하면 전혀 피곤하지 않고 심지어 고통도 즐거움이 된다.

사랑하면 버틸 수 있다

내가 심리학 지식을 전파하기 위해 글을 쓴 지는 10년이 넘었다. 사람들은 내가 어떻게 글을 쓸 시간이 나는지 의문을 품는다. 실제로 강의하고 연구하는 데 시간의 대부분을 쓰고 집에 돌아오면 두 자녀와 함께하는 시간을 가져야 해서 글을 쓸 시간이 거의 없다. 그래서 나는 새벽 5시부터 아이들이 기상하는 6시 30분까지를 나의 글쓰기 시간으로 확보했다. 특수 상황이 아닌 이상 기본적으로 매일 그 시간에 글을 쓴다.

지금까지 이 생활방식을 유지할 수 있었던 건 내가 자율적인 인간이기 때문이 아니라, 그 일을 통해 삶의 의미를 찾았기 때문이다. 심리학이 사람들에게 도움이 되고 모두가 좀 더 행복한 삶을 누리길 원하는 나로서는 독자들이 남긴 댓글이나 보내온 편지를 보며 보람을 느낀다. 사랑하기 때문에 버티는 것이다. 이는 '의미'가 에너지의 근원임을 증명한다.

그렇다면 사람의 에너지는 주로 '왕성한 체력, 긍정적인 감정, 높은 집중력, 삶의 의미'에서 비롯된다는 결론이 나온다. 에너지 관리 피라미드 모형을 통해 에너지와 관련된 네 요소를 이해했다면 구체적인 관리 방법을 쉽게 찾을 수 있다.

에너지를 축전지로 비유하자면 업무와 일상은 에너지를 소모하므로 방전의 과정이다. 반면 음식, 운동, 휴식은 에너지를 보충하는 충전의 과정이다. 전력(에너지)을 가득 채우고 싶다면 많이 충전하고 적게 소모해야 한다. 충전과 절약을 위한 구체적인 방법 두 가지를 살펴보자.

방법 1. 충전: 에너지 촉진 요소 늘리기

먼저 에너지 촉진 인자를 늘리고 충전을 많이 해야 하는데 건강한 식습관과 적당한 운동이 그것이다. 올바른 식습관과 식단이 있어야 하루 동안 충분한 에너지를 유지할 수 있다. 매끼 너무 배부르지 않게 조금씩 자주 먹는 것이 좋다. 너무 배부르게 먹으면 많은 혈액이 소화기관으로 진입하고 뇌로 가는 혈액량이 그만큼 줄어들어 피로감을 느낀다.

세계보건기구WHO는 18세에서 65세까지의 성인을 대상으로 매주 최소 150분의 중등 강도의 운동을 하라고 권고했다. 이는 일주일 중 5일은 하루에 30분씩 운동하라는 말이다. 달리기, 수영, 구기 운동, 줄넘기 등 자신에게 잘 맞고 재미있게 할 수 있는 운동을 찾아보자. 매일 천천히 걷는 것도 에너지 회복에 도움이 된다. 업무가 바빠 운동할 시간이 없다면 서서 업무를 처리하는 방법을 시도해 보는 것도 괜찮다. 또 1시간 일하고 나면 목과 손을 움직여 주거나 스쿼트 자세를 하면 피로 해소에 도움이 된다.

방법 2. 절약: 에너지 소모 요인 줄이기

이번에는 절약하는 방법, 즉 에너지 소모를 줄이는 방법을 알아보자. 에너지를 소모하는 주요 요인은 '부정적 감정'과 '허무감'이다.

부정적 감정에서 벗어나기

부정적 감정에 휩싸여 도저히 업무에 집중할 수 없었던 경험은 누구나 있다. 감정과 싸우는 데 에너지를 다 허비해 일할 마음이 사라졌기 때문이다. 이런 경우 어떻게 하면 좋을까?

앞에서 소개한 '곤경 탈출 5단계'를 떠올려 보자. 자신에게 질문하고 생각해 보면서 감정을 가시화하고 부정적 감정에서 빠져나와야 한다. 다음의 질문 5개를 자신에게 물어본다.

1단계 → 내가 왜 그럴까? 어떤 감정인가?

2단계 → 이 감정을 느끼는 이유는 무엇인가? 무슨 일이 발생했는가?

3단계 → 나의 바람은 무엇인가, 달성하고자 하는 목표는 무엇인가?

4단계 → 이제 무엇을 해야 하는가, 어떻게 행동해야 하는가?

5단계 → 마지막 결과는 무엇인가?

'생각'이 '행동'으로 바뀔 때, 감정이 어지러운 상태에서 행동으로 전환될 때 복잡하고 어지러운 생각은 줄어들고 집중력이 높아진다. 이제 에너지를 헛되이 감정과 싸우는 데 소모하지 않고 일에 집중할 수 있다. 앞으로 업무를 수행하다가 감정이 복잡해지면 이 방법을 시도해 보자.

허무감에서 벗어나기

'허무감'은 앞에서 말한 '의미감'과 상대적이다. 하는 일에 의미가 없고 허무하다고 느낄 때 바람 빠진 풍선처럼 힘이 없어진다. 하지만 좋아하고 보람찬 일을 할 때 끝없는 에너지가 올라와 아무리 힘들고 피곤해도 버텨 낼 힘이 생긴다. 따라서 사명을 찾지 못하거나 가치를 느끼지 못한다면 에너지를 관리하는 방법을 배워도 근본적인 문제를 해결할 수 없다.

물론 사명이라는 것은 평생 탐색하는 주제다. 지금 하는 일에서 일의 가치와 의미를 찾도록 노력해 보자. 모두가 아니더라도 누군가 단 한 명의 삶에 도움이 되는 일이라면 그 안에 참여하고 몰입하는 것은 가치 있는 일이다. 누군가 내가 하는 일 덕분에 수혜를 입었다고 상상하면 더 많은 동력이 생긴다. 따라서 자신이 하는 일의 가치를 찾아서 의미를 부여하면 허무감을 벗어나는 데 도움이 된다.

Tips 쓸모 있는 심리학 산책

세계적인 성과심리학자 짐 로허는 에너지 관리와 훈련 분야의 업적을 전 세계에 공유하고 있다. 지금까지 열 권이 넘는 베스트셀러를 출간했으며, 그중 『몸과 영혼의 에너지 발전소』, 『이야기꾼』 등은 한국에서도 출간되었다. 짐 로허는 프록터 앤드 갬블(Procter & Gamble), FBI 등 《포춘》 선정 세계 100대 기업 및 세계 500대 기업 고객과 협업하여 임직원의 에너지 관리 역량을 향상시켰다. 또 올림픽 스피드 스케이팅 금메달리스트 댄 젠센(Dan Jansen) 등 세계적인 운동선수도 더 우수한 성과를 기록하도록 도움을 제공했다.

짐 로허는 미국 인간 성과연구소(Human Performance Institute)의 공동 창업자이기도 하다. 이 연구소는 존슨앤드존슨에 합병된 후 현재 성과 퍼포먼스와 스트레스 저항에 대한 교육 과정을 제공하고 있다. 짐 로허의 최신 저서 『캐릭터로 리드하다 (Leading with Character: 10 Minutes a Day to a Brilliant Legacy Set)』는 사람은 개인의 성격과 특징을 발전시키는 데 힘써야 하며, 자신의 핵심 가치를 찾아야 자신만의 전기를 쓸 수 있다고 강조한다.

Point

인생은 마라톤이다. 넘치는 에너지가 있다면 쉬지 않고 달릴 수 있다. 천성적으로 활기가 넘치는 사람은 에너지를 관리할 줄 아는 사람들이다. 그들은 에너지 충전이 빠르고 소모가 적어서 대기전력 상태를 오래 유지할 수 있다.

에너지 관리는 평생의 숙제다. 오늘부터 행동하자. 그러면 당신도 에너지가 충만한 양질의 삶을 살 수 있다. 가뭄이 들면 인공우를 뿌려서 에너지원을 늘림과 동시에 물 사용을 제한해 저수지의 급수 시간을 늘리는 것과 같은 이치다. 자신의 에너지를 늘리는 것뿐만 아니라 에너지를 절약하는 방법도 고민해야 한다. 충전과 절약, 두 가지를 다 잘해야 에너지가 충만한 상태를 오래 유지할 수 있다.

☺ **생각해 보기**

현재 하는 일이 어떤 의미를 지니는지 생각해 보세요.

최고의 수준을
뛰어넘어 확장하라

'장인 정신'을 들어 본 적 있는가? 최고의 수준이 될 때까지 일하고, 그 최고의 수준을 계속 뛰어넘으려 하는 정신이다.

90세의 '초밥의 신' 오노 지로小野二郎는 한평생 초밥만 만들었다. 그의 초밥 가게는 아베 신조 전 일본 총리가 오바마 전 미국 대통령을 접대했을 정도로 유명하다. 일본 '덴푸라 장인' 데쓰야는 55년간 일본식 튀김 요리인 덴푸라만 요리했고 지금까지 3천만 개의 덴푸라를 만들었다.

일본은 장인 정신을 숭배하는 나라다. 일본에는 평생 한 가지 일만 하는 사람이 매우 많고, TV 프로그램으로 목공예, 도예, 다도 등 한 가지 기술이나 특기를 지닌 일반인을 소개한다. 그중 인상 깊은 사람이 있었는데, 손으로 종이를 수백 번 반복해서 눌러 세상에 하나밖에 없는 흔적을 만들었다. 그렇게 만들어진 종이는 제품 포장, 인형의 기모노, 일본 전통 미닫이문에 쓰였다. 이들은 한 가지 일을 수십 년간 했고 최고 수준의 기예를 자랑하는 장인이 되었다. 이들이 장인이 되기까지는 기나긴 인고의 시간이 필요했을 것이다. 특히 '투잡'이 환영받는 요즘, 한 가지 일에 초심을 갖고 끝까지 하기란 정말 어려운 일이다. 그렇다면 다양한 분야를 두루 섭렵해야 할까, 아니면 한 분야를 깊이 파야 할까?

이 문제에 대한 답은 내가 영국에서 박사 과정을 공부할 때 요크대학교 교수 앨런 배들리로부터 얻었다. 자신이 갈 방향을 정했다면 그 분야의 최고가 되기 위해 노력을 기울여야 한다.

앨런 배들리는 60년 동안 기억 관련 연구를 하면서 사람의 기억 체계를 투철하게 탐구해 '작업 기억 이론의 아버지'라는 칭호를 얻었다. 그는 자신의 분야를 깊이 파고들었기 때문에 다른 분야에 대한 지식까지 추론하며 습득할 수 있었고 다른 분야에 대해서도 깊이 관찰하고 이해할 수 있었다. 그래서 앨런 배들리는 다른 분야의 연구 회의를 방청할 때 언제나 깊이 생각해 볼 만한 질문을 던지곤 했다.

언제는 다양한 분야를 넘나들며 많이 도전하라고 하지 않았냐며 의문을 제기하는 사람이 있을지 모르겠다. 왜 지금은 한 분야에 집중해야 한다고 말하는 걸까? 이는 모순이 아닌가? 조금만 더 깊이 생각해 보면 모순이 아니다. 자신이 잘하는 분야에서 쌓은 실력을 기반으로 영역을 확장한 사람이 다양한 분야에서도 성공하기 때문이다.

10년간 한 가지 일을 한 사람 vs 1년간 10가지 일을 한 사람

10년 동안 한 가지 일을 한 사람과 1년 동안 10가지 일을 한 사람의 운명은 확연히 다르다. 직장을 자주 바꾸면 내세울 만한 경력이 없다. 여기저기 흩어진 점은 선을 이루지 못하듯 이런 사람은 잠재력을 키우기 어렵다. 짧은 기간에 이곳저곳으로 옮겨 다녀 어떠한 분야에도 정통하지 못하고 생계를 유지하기도 어렵다면 다른 누군가로 빠르게 대체될 것이다. 반면 어떤 사람들은 자신의 분야를 조금씩 확장하고 직업 이력에 큰 맥락과 규칙이 있다. 특정 분야에 정통한 사람은 안정적으로 자신의 길을 가면서 직업적 성장의 길이 점점 넓어진다.

오랜 시간 서예에 전념하여 세계적으로 명성을 알린 서예가 둥양즈董陽孜의 작품을 보면 언제나 생명력이 느껴진다. 그녀는 같은 문자와 어구라도 같은 방식으로 표현하는 것을 거부한다. 그녀의 붓을 통해 한자의 아름다움은 다양한 형태로 모습을 드러낸다. 그녀는 현재도 만족하지 않고 적극적으로 크로스오버를 시도한다. 디자이너들이 서로 협업하듯 패션 디자인에 서예 작품을 융화시켰고 이를 통해 디자이너가 새로운 창작품을 만들어내도록 자극했다.

지름길을 가고 싶다면 먼저 하고자 하는 분야를 성실히 수련해서 정통해야 한다. 진짜 고수가 되고 싶다면 가장 중요한 첫걸음은 바로 그 업계나 분야의 모델이나 공식을 깊이 익히거나 장악하는 것이다. 그 분야의 핵심 능력을 장악한 후 적절한 시기에 다른 분야로 시선을 돌려야 한다. 유일무이한 경쟁력을 갖출 때까지 끊임없이 단련하자.

그렇다면 어떻게 해야 자신이 잘하는 분야에서 뛰어난 사람이 될까?

방법 1. 항상 배우려는 마음 필요

'인도양에서 가장 위대한 셰프'라고 칭송받는 미슐랭 레스토랑 주방장 안드레 치앙Andre Chiang은 다큐멘터리 〈초심初心〉에서 몽펠

리에Montpellier에 있는 푸셀 형제의 레스토랑에서 견습생이 된 이후 9년 만에 메인 주방장이 되어서야 그곳을 떠났다고 밝혔다.

현대인이라면 같은 지도자에게 9년 동안 배운다는 것은 상상하기 어려운 일이다. 하지만 전수자가 적극적으로 혹은 의도적으로 전수하지 않은 소중한 지식들도 많다. 적혀 있는 레시피대로만 요리를 하다 보면 궁금점이 많이 생긴다. 예를 들어 스즈터우獅子頭(중국식 고기완자-옮긴이)를 만들 때 레시피에는 칼등으로 돼지고기 다짐육을 두드린 후 고기를 누르며 반죽해서 힘줄을 연하게 만들라고 한다. 이렇게 간단한 지시 사항에도 여러 가지 방법이 나올 수 있다. 칼등으로 고기를 두드릴 때 칼은 수직으로 들어야 할까 아니면 고기와 평행하게 들고 두드려야 할까. 고기는 어떻게 반죽해야 할까. 작은 덩어리로 나눠서 해야 할까, 큰 덩어리 그대로 반죽해야 할까?

레시피에는 당연히 모든 내용을 깨알같이 적어놓을 수 있지만 그런 레시피를 참고하려는 사람은 없다. 그건 사람들의 잘못이 아니라 우리의 뇌가 게을러서 많은 정보를 받아들이고 배우는 데 힘쓰고 싶어 하지 않기 때문이다. 그런데 주방장에게 스즈터우를 배운다면 처음 한동안은 설거지, 재료 준비만 한다. 그 과정에서도 의지가 있는 사람이라면 어깨너머로 주방장을 관찰하고 학습한다. 시간이 흘러 어느 날 그 요리를 하게 되었을 때 주방장에게서 이미 많은 부분을 익혀 놓은 뒤다.

따라서 진로를 정한 후에 기회가 된다면 그 분야의 고수를 찾아가 성미를 참고 바짝 붙어서 배우도록 하자. 그들이 어떻게 일을 하고 처세는 어떻게 하는지, 문제는 어떻게 해결하는지 등 그들에게서 얻은 양분을 나의 성장에 쓰도록 하자.

방법 2. 심리학자 성장법

최선을 다해 훈련하고 순조롭게 배움을 마치고 난 후, 그다음의 커리어에서 장인 정신을 갖고 자신을 초월하고 싶다면 두 번째 방법을 추천한다. 나는 이를 '심리학자 성장법'이라고 부른다.

'심리학자 성장법'이란 구체적으로 무슨 뜻일까? 숙련된 심리학자는 오랜 시간 배우고 실무 경험을 익혀야 가능하다. 이들은 자격증을 취득해서 내담자와 상담할 수 있다고 해도 감독자를 찾아 시험을 봐야 한다. 즉, 심리학자는 학습자로서 계속 공부하면서 실무자로서 내담자에게 심리 상담 서비스를 제공한다. 또 그들은 감독자로서 같은 직종에서 종사하는 동료를 감독하고 조언하면서 그들의 의문 사항을 풀어 줘야 한다. 심리학자는 학습자, 실무자, 감독자라는 세 역할과 신분을 유연하게 바꾸며 활동하는 사이 자신을 전방위적으로 단련하고 성장시킨다.

누구든 현재 신분이나 직업에 상관없이 이 방법을 활용할 수 있다. 자신의 업종과 업무에 따라 다음과 같이 생각해 보자.

당신이 '학습자'라면 자신을 성장시키기 위해 어떤 일을 해야 할까? 예를 들어 교육 프로그램에 등록하거나 오프라인 워크숍에 참여해서 업계 최신 현황을 알아본다.

당신이 '실무자'라면 실무 과정 중 어떤 기능을 향상해야 할까? 예를 들어 작업 프로세스 최적화, 업무 효율 제고 등이 있다. 당신이 '감독자'라면 다른 사람에게 어떤 도움을 주었는가? 예를 들어 1인 미디어 계정에 자신의 업무 경험을 공유하거나 업계에 막 입문한 초보자에게 성장을 위한 솔루션을 제시할 수 있다.

이렇게 하면 자신의 그릇이 더 커지고 시야가 넓어지는 것을 느끼게 된다. 동시에 다양한 입장에서 문제를 바라보는 관점과 사고방식을 키울 수 있어 혼자 공부하거나 일할 때보다 자신의 한계를 쉽게 돌파할 수 있다.

Tips 쓸모 있는 심리학 산책

한 분야에 정통해야 할까, 아니면 영역을 넘나드는 '투잡' 인재가 되어야 할까? 이 문제는 오랫동안 논의되어 왔고, 앞장에서도 최선을 다하는 훈련에 대해 말한 바 있다. 빌 게이츠는 『늦깎이 천재들의 비밀』 책을 추천하면서 마이크로소프트가 성공할 수 있었던 것은 인재를 영입할 때 그 사람의 전문성뿐만 아니라 넓이, 즉 다른 분야에 대한 섭렵 범위와 통합 능력까지 보았기 때문이라고 했다. 한 분야의 전문가가 되고 싶다면 다른 분야도 어느 정도 알아야 하며 자신의 전공이 다른 분야에서 어떻게 발휘될지 많이 생각해야 한다. 어떤 분야든 전혀 상관없는 관계가 아니라 통하는 부분이 있다는 것을 발견할 것이다.

Point

높이 솟아오른 커다란 나무는 우선 뿌리를 깊게 내린 후에 가지와 잎을 키운다. 처음부터 영역권을 넓히고자 했다면 커다란 나무로 성장하지 못하고 관목숲이 되었을 것이다.

우리 같은 평범한 사람도 마찬가지다. 자신이 잘할 수 있는 직업으로 진로를 정한 후 최선을 다해 훈련해서 고수가 되는 것이 좋은 선택이다. 이 장에서 영감을 얻고 나아갈 방향을 정해서 자신을 성장시켜 그 분야에서 뛰어난 사람이 되기를 바란다. 그런 후에 새로운 분야를 개척하면서 자신을 성장시켜 나갈 수 있을 것이다.

☺ **생각해 보기**

어떤 분야의 전문가가 되고 싶다고 생각한 적이 있나요? 어떻게 해야 그 목표를 이룰 수 있을까요?

일과 가정생활의 균형은 없다

30대 워킹맘이 편지를 보내왔다. 워커홀릭인 그녀는 젊었을 때 조금이라도 더 능력을 펼치고 싶어서 아이를 낳자마자 바로 복직했다. 그런데 야근과 출장이 잦은 업무를 맡은 그녀가 아이까지 돌볼 시간을 확보하기란 쉽지 않았다. 한번은 일주일 동안 출장을 다녀온 후 아이를 안았는데 두 살짜리 아이가 엄마인 그녀를 낯설어하자 자책감이 들었다. 그녀가 나에게 물었다.

"완벽한 직장여성은 생활과 일의 균형을 맞춘다는데 저는 왜 그러질 못할까요?"

그녀의 처지에 공감이 갔다. 그녀의 고민은 많은 워킹맘이 겪고 있는 문제이기도 하다. 나는 자기 조절 방법을 추천하려다가 고민

후에 현실을 있는 그대로 알려줘서 완벽한 직장여성이라는 환상을 내려놓게 하기로 했다.

"워킹맘이 일과 가정을 동시에 잘 돌보기란 매우 어렵습니다. 자신이 잘 해내지 못했다고 자책하지 마세요."

그녀에게 이렇게 말한 이유는 미국 프린스턴대학교 명예교수 앤 마리 슬로터Anne-Marie Slaughter의 글 '여성이 다 가질 수 없는 이유Why women still can't have it all'를 봤기 때문이다. 그녀는 글에서 자신의 이야기를 소개했다.

미국 국무부 정책기획실장을 맡던 2년 동안 너무 바쁜 나머지 가정을 전혀 돌볼 수 없었던 그녀는 두 아이의 교육과 양육을 신경 쓸 수 없었다. 여성이든 남성이든 모든 것을 소유할 수 있지만, 현재의 시스템에서는 발생할 수 없는 일이라고 그녀는 말한다.

'균형'이 아닌 '조화'

'일과 삶'은 서커스에서 광대가 저글링하는 공과 같다. 만일 뜻밖의 상황이 나타나면 원래의 균형은 깨지고 만다. 왜 일과 삶이라는 두 마리 토끼를 다 잡을 수 없을까? 이런 상황에서 우리는 무엇을 할 수 있을까?

우선 일과 삶의 균형을 이루기 어려운 중요한 이유는 균형을 이룬다는 것 자체가 거짓 명제이기 때문이다. '균형'이라는 말이 일과 삶의 관계를 가르고 양자를 대립시킨다.

사회학자 트레이시 브라우어Tracy Brower는 균형이란 국한적인 개념 때문에 사람들은 일과 삶을 인위적으로 대립시킨다고 말한다. 생각해 보자. 일과 삶의 균형을 유지하겠다고 하면서 그 둘을 저울의 양 끝에 놓고 이분법적 관계로 생각하지 않았는가?

사실 일은 삶의 일부로 그 둘을 칼로 자르듯 가를 수 없다. 일을 통한 수확과 성공의 열매는 삶의 행복감을 높여 준다.

언어를 어떻게 사용하느냐에 따라 우리의 사고방식은 달라진다. '균형'을 '조화'로 바꿔 보자. 세계 최고 부자이자 미국 아마존 창업자 제프리 베이조스Jeffrey Bezos는 '일과 삶의 균형'보다 '일과 삶 사이에 조화를 유지한다'라는 표현이 더 좋다고 했다. 그는 균형이란 엄격한 가늠이 필요하지만 조화는 두 가지를 잘 융합하는 것이라고 생각했다.

절대적인 '균형'은 존재하지 않는다

트레이시 브라우어는 일과 삶의 균형을 시도하면 불안정이 늘어날 뿐이라고 생각했다. '균형'이라는 말은 언제든 깨질 수 있는 고요한 상태를 뜻하며, 우리의 삶은 불확실성으로 가득 차 있기 때문이다. 쉽게 말해서 균형은 동태적으로 조정하는 과정이고, 절

215

대적으로 균형적인 상태는 존재하지 않는다.

이는 이해하기 쉽다. 예를 들어 당신은 회사에 단 하루도 결근하지 않고 열심히 일하고 싶지만, 아이가 아프면 하루 휴가를 내야 한다. 주말에 가족들과 함께하기 위해 아이와 외출하려는데 상사의 급한 호출 때문에 나들이 계획을 보류하고 회사로 가기도 한다. 이처럼 언제나 각종 불확실성으로 가득한 삶을 유지하기 위해 노력하는 가운데 균형 상태는 언제든 깨질 수 있다. 만약 억지로 균형을 추구한다면 자신만 녹초가 될 뿐이다.

따라서 삶과 일의 균형을 유지하기 위해 노력하는 직장인, 특히 고생하는 워킹맘들에게 말하고 싶다. 완벽해야 한다는 생각을 내려놓자. 균형은 이루기 어려운 신화와 같다. 더 이상 자신을 괴롭히지 말자.

균형을 이루기 어렵다면 노력할 필요가 없을까? 아니다. 일과 삶을 더 조화롭게 만들 방법이 있다.

방법 1. 중심을 조정하고 동태적 균형 잡기

중심을 단계적으로 조정해서 동태적 균형을 잡는 것이다. 어떻게 하면 될까? 자신의 단계별 인생 목표에 따라 일과 삶이 번갈아가며 양보하면 된다. 어떤 단계에서는 가정 중심적으로 선택하고 또 다른 단계에서는 일을 중심에 놓는 것이다.

작가 나이젤 마쉬Nigel Marsh는 TED에서 '일과 삶의 균형을 어떻게 이루는가'를 주제로 한 강연에서 많은 호응을 얻었다.

그는 사업은 성공했지만 과도한 스트레스 때문에 심각한 비만 판정을 받았고, 결혼 생활과 네 아이와의 관계는 나빠졌다. 그는 "너무 많이 먹었고, 너무 많이 마셨으며, 일을 너무 열심히 한 나머지 가정에 소홀했다."라고 말했다. 더 이상 그렇게 살 수 없다고 생각한 그는 일을 그만두고 아내, 아이와 함께 1년 동안 시간을 보냈다. 1년간 그는 가족과 즐거운 시간을 보냈지만 일과 삶의 균형을 유지하는 방법은 터득하지 못했다. 그는 일을 하지 않아서 삶을 찾은 것뿐이었다. 나이젤 마쉬는 일과 삶 사이에 문제가 생겼다고 경솔하게 퇴사하지 말라고 충고했다. 특히 경제적 기반이 없는 상황에서는 더욱 그렇다.

"우리는 문제를 해결해야지 회피해서는 안 됩니다."

나이젤 마쉬는 여러 가지 돌발 상황을 고려해서 단위 시간을 하루가 아닌 한 달, 1년, 나아가 몇 년의 주기로 설정하면 단계적으로 균형을 실현할 수 있다고 충고했다. 모두 저마다의 인생 단계가 있고 각자의 인생 주제를 완성해야 한다. 모든 일에 완벽을 추구할 필요는 없다. 뺄 것은 빼면서 단계마다 중요한 과제를 완성하면 된다.

이제 막 직장에 들어갔다면 일을 인생의 중심에 놓고 자신의 직업을 탐색하고 방향을 찾아야 한다. 결혼하고 아이를 낳았다면 가정을 돌보고 부모 자식 관계를 유지하는 데 에너지의 일부를 써야 한다. 3년 또는 5년 계획을 마련해서 시간과 에너지를 단계별로 필요한 쪽에 번갈아 투입하면, 일과 삶의 목표를 모두 조금씩 이루어 나갈 수 있다.

방법 2. 시간 관리를 통한 일의 효율 높이기

계획과 목표에 따라 중심을 조정하는 방법 말고도 일 처리 효율을 높여 일과 삶을 모두 돌볼 수 있다. 이어서 소개할 두 번째는 시간 관리를 통해서 일의 효율을 높이는 방법이다.

'커다란 돌멩이'에 먼저 시간 배분하기

요시다 호나미吉田穂波라는 일본의 산부인과 여의사는 2013년 『'시간이 없기 때문에' 뭐든 할 수 있다間がない」から、なんでもできる』라는 책을 통해 네 아이를 양육하면서 하버드대학교 학위를 취득한 경험을 공유했다. 그녀는 책에서 '돌 이론'을 제시했다.

그녀는 자신이 소유한 시간 자원을 돌을 담을 수 있는 용기容器를 사용해 설명한다. 시간 계획을 짤 때 먼저 반드시 해야 할 일, 즉 큰 돌을 용기에 넣는다. 용기에 큰 돌이 더 이상 들어가지 않으면 작은 돌, 즉 그다음으로 중요한 일을 넣는다. 용기에 작은 돌도 들어갈 수 없을 때는 모래, 즉 더 중요하지 않은 일을 넣는다.

요시다 호나미는 매주 월요일 새벽 3시 일주일 동안의 일정을 계획한다. 그녀는 이런 방법을 활용해 다른 사람보다 더 많은 일을 할 수 있었다. 하지만 요시다 호나미 같은 사람이 아닌 평범한 사람이 새벽 3시에 일정을 시작하기란 어려우므로 자신의 상황에 맞게 조율해야 한다.

사람들은 내가 시간 관리를 잘하는 사람이라고 생각하는데 나역시 요시다 호나미와 비슷한 방식을 활용하는 것뿐이다. 나는 가장 중요한 일을 일정에 넣은 후 비는 시간을 보며 그 시간을 활용해 무엇을 할지, 또 어떤 일을 포기하고 처리하지 않아도 되는지 자신에게 묻는다.

또 나는 일의 속성에 따라 시간을 안배한다. 어떤 일은 긴 시간이 있어야 하고 어떤 일은 짧은 시간에 완성할 수 있다. 무엇보다 여유 시간을 반드시 확보하는 것이 중요한데, 혹시 일을 처리할 때 시간이 더 필요하면 보충 시간으로 쓰거나 일을 마무리한 후 쉬는 시간으로 활용한다.

시간 관리는 매우 중요한 삶의 기능이다. 이 기능을 몸에 익히면 처리해야 할 일이 많고 복잡할 때 유용하게 활용할 수 있다. 과제의 중요성과 긴박성에 따라 계획하고 배분하자. 중요한 일을 먼저 해결한 후 다른 일을 하면 된다.

단계를 나눠서 목표 달성 시간 설정하기

계획을 짤 때 시간별로 달성해야 할 목표를 설정해야 한다. 한 번에 끝날 수 있는 과제가 아니라면 이정표를 여럿으로 나누자. 그리고 어느 시간에 어떤 일을 하기로 계획했다면 그 일만 하는 것이 가장 좋다. 그렇게 했을 때의 장점은 다음과 같다.

첫째, 한 가지 일에 전념하여 처리하므로 효율이 높다.

둘째, 그 일을 집중해서 완성한 후 다른 일을 하기 때문에 권태감이 생기지 않는다.

셋째, 하는 일마다 진척을 보이기 때문에 성취감이 느껴진다.

Tips 쓸모 있는 심리학 산책

사회학자 트레이시 브라우어는 미시간대학교 사회학 박사 학위를 취득하고 조직
문화관리 및 기업부동산 석사 학위까지 받는 등 이력이 다채롭다. 인체공학 의자
로 유명한 허먼밀러(Herman Miller)에서 20년간 보직을 맡았고, 지금은 스틸케이스
(Steelcase)에서 기업 조직문화 관련 업무를 담당하는 고문으로 사무용 가구 기업과
깊은 인연을 자랑한다.

트레이시 브라우어는 일과 삶의 균형을 추구하는 것이 본질적으로 잘못되었다고
생각한다. 일과 삶은 단순히 저울의 양 끝에 놓는 것 이상이기 때문이다. 그녀는
저서 『일에 활기를 주기 위한 삶의 활력 찾기(Bring Work to Life by Bringing Life to
Work)』에서 일과 삶의 관계는 매우 복잡하다고 밝혔다. 그리고 『직장에서 행복할
수 있는 비밀(The Secrets to Happiness at Work)』은 일터에서 즐거움을 찾는 비결을
담고 있다.

Point

　　일과 삶의 균형을 맞추기란 쉽지 않으며, 사실 근본적으로 달성하기 어려운
일이다. 인생의 어떤 단계에서는 일이 중요한 위치를 차지해야 하고, 또 다른 때에는
삶이 일보다 중요한 위치를 차지해야 한다고 자신에게 말해 주자. 반드시 모든 순간
균형을 유지해야 한다고 자신에게 강요하지 않아야 스트레스가 줄어든다.

중심을 조정하는 것 외에 시간을 관리하는 것도 중요하다. 모든 일을 동등하게 마무
리해야 하는 것이 아니라 일의 중요성에 따라 순서를 정한 다음 처리해야 할 우선
순위를 마련하는 등 선택하는 법을 연습해야 한다. 반드시 직접 완성해야 하는 일이
아니라면 그 일을 다른 사람에게 넘겨야 자신에게 더 중요한 일을 처리할 시간이 생
긴다.

☺ **생각해 보기**

지난주 했던 활동을 순서대로 배열한 다음 어떤 시간을 낭비했고, 그 시
간에 어떤 일을 할 수 있었는지 생각해 보세요.

직업관의 변화가
필요한 때

은퇴 후의 삶은 어떠할까? 사람들은 60세에 은퇴하고 나면 퇴직금을 받아서 충분한 자금과 여유 시간을 누리며 식물을 가꾸고 세계를 여행하며 지내고 싶어 한다. 하지만 고령화가 심각해진 오늘날, 우리가 100세까지 산다면 미래 우리의 삶과 일은 어떻게 달라질까?

런던 비즈니스스쿨 교수 린다 그래튼Lynda Gratton과 앤드루 스콧Andrew Scott은 공저 『100세 인생』에서 인류는 장수 시대에 전면적으로 진입했으며, 우리 세대부터는 100세까지 사는 일은 지극히 평범한 일이 될 거라고 언급했다. 수명이 길어지면 인생의 구도도 큰 변화가 일어난다. 50세에도 새로운 지식을 배워야 하고, 70세에도 일을 해야 하며, 80세가 되어서야 은퇴할 수 있을 것이다.

80세가 넘어야 은퇴한다는 말에 우울해하는 사람이 있을지도 모르겠다. 우리가 지금 열심히 일하는 이유는 편안한 노후를 위해서가 아닌가? 만약 80세가 넘어서도 계속 일을 해야 한다면 그때는 체력이 뒷받침되지 않을 텐데 과연 무슨 일을 할 수 있을까? 그리고 인공지능이 발전하면 많은 직업이 인공지능으로 대체될 전망이다. 곧 다가올 미래를 위해 우리는 어떤 준비를 하고 직업 계획은 또 어떻게 세워야 할까?

중년은 위기가 아니라 터닝포인트

일반적으로 사람들은 60세에 정년퇴직을 한다. 그런데 수명이 점점 길어져서 100세까지 살 수 있다면 60세에 퇴직하는 경우 은퇴 생활을 40년이나 하게 된다. 은퇴 후 삶의 질을 위해서는 충분한 노후 자금이 필요하다. 그렇지 않으면 퇴직을 미루고 계속 일해야 한다. 그럼 80세에 퇴직할 경우 직장생활을 50, 60년 하게 된다. 최근 들어 2, 3년 근무하다가 다른 회사로 이직하는 경우도 많은데 50, 60년이라면 엄청난 시간이 아닌가?

이제는 미래 20년이 아닌 미래 50년을 바라보고 평생 직업관을 수립해야 한다. 그래도 너무 스트레스를 받지 않길 바란다. '제

2의 인생', '제3의 인생'이라는 말처럼 새로운 삶을 얻는다고 긍정적으로 생각하자. 인생을 다시 시작할 수 있다고 생각하니 오히려 기대되지 않는가. 새로운 삶을 살 당신은 충분한 경험과 능력을 보유했기 때문에 자신만의 인생을 펼칠 수 있다. 다만 언제부터 새로운 인생을 시작하느냐가 문제다. 이 질문에 정답은 없지만 참고할 만한 정보가 있다.

은퇴할 때까지 현재의 직업을 유지해야 한다고 자신에게 한계를 설정해서는 안 된다. 그것은 자신의 일에 대한 열정, 충성도를 보여주는 것이 아니라 나태하고 변화를 원치 않는 사람임을 말해준다. 시대는 빠르게 변하고, 새로운 기술은 급속하게 발전하고 있다. 우리는 시대에 발맞추어 나가야 한다. 자신이 한평생 한 가지 일만 할 거라는 생각은 버려야 한다.

평생 직업관의 구체적인 개념을 일상에 어떻게 적용해야 할까? 다음의 두 가지 방법을 살펴보자.

방법 1. 핵심 능력을 기반으로 다음 직업 계획하기

첫 번째는 자신의 핵심 능력을 기반으로 다음 직업을 계획하는 것이다. 대만 가수 류뤄잉劉若英은 처음엔 뮤지션이 되고 싶었지만 우연히 영화계에 발을 들이면서 배우가 되었다. 이 때문에 가수 활동을 늦게 시작했지만 그녀의 노래에 대한 뜨거운 열정 덕분에 사람들은 그녀가 영화와 드라마에 출연했었다는 사실을 잊었다. 아이를 낳아 엄마가 된 류뤄잉은 가수 생활을 하면서 몇 년 전에는 영화감독으로 데뷔해 〈먼 훗날 우리〉를 선보였다. 그녀는 대중성과 작품성을 모두 인정받은 이 작품 덕분에 몇 년간 중국에서 가장 많은 관객 수를 기록한 감독으로 각인됐다.

그녀는 언제나 다음엔 어떤 일을 할지 계획하고 있는 것처럼 보인다. 한동안 모습을 드러내지 않으면 더 많은 영화와 음악으로 나타날 것이라고 믿는다. 류뤄잉의 영화 스승 장아이지아張艾嘉 역시 좋은 예다. 연기자 출신인 그녀는 연출에 재능을 드러내면서 지금은 스크린 앞보다 뒤에서 연출자로서 더 비중 있는 삶을 살고 있다.

이처럼 당신도 여유가 있을 때 다음에는 무슨 일을 할지, 현재의 능력으로 어떤 일을 할 수 있는지 생각해 보는 시간을 갖기를 바란다.

방법 2. 직업 포트폴리오를 만들고 '투잡' 하기

주식을 매입할 때 포트폴리오를 구성하는 게 안전하다는 사실은 누구나 알고 있다. 직업을 계획할 때도 마찬가지다. 본업을 유지하면서 다른 일을 겸업하면 다른 사람보다 위험에 대항할 능력이 강해진다.

약 10년 전, 나는 여가시간을 활용해 심리학 지식을 알리는 활동을 시작했다. 아무도 나에게 그 일을 하라고 하지 않았고, 나 역시 업무 중 하나라고 생각하지 않았다. 그저 더 많은 사람이 심리학을 통해 도움받길 바랐을 뿐이다. 그것이 대학교수로서 해야 할 사회적 책임이라고 생각했다.

내 활동의 일부는 노인 심리와 관련 있었다. 나는 제자와 함께 노년층을 대상으로 지식 보급 플랫폼을 운영하며 노인 관련 연구, 사회적 뉴스 등을 소개했다. 또 플랫폼을 통해 사람들에게 어르신들을 위한 연하장을 쓰자고 호소하기도 했다. 솔직히 나는 그 일이 얼마나 큰 사회적 영향력이 있을지 알지 못했다.

1년 후, 사정이 생기면서 그 활동을 중단하게 되었는데 생각보다 많은 사람이 아쉬워했다. 그제야 우리는 이 일이 많은 사람에게 영향을 끼쳤다는 사실을 깨달았다. 그러다 그 활동을 다시 시작한 해, 어느 기관의 요양보호사가 카드를 받은 한 어르신이 환하게 웃고 있는 모습을 사진으로 찍어 보내 줬다. 요양보호사는 요양원의 어르신들이 누군가가 자신에게 보낸 카드를 굉장히 소중히 여겼다는 것이다.

이 일은 내게 직업적인 행복감과 성취감을 주었을 뿐 아니라 의

외의 기회도 선사했다. 자원봉사를 원하는 독자가 많이 생겼고, 강연에 초청되었으며 워크숍도 열고 책도 출간했다. 무엇보다 대학교수라는 후광에 기댈 필요 없이 내가 만들어낸 성과를 바탕으로 강연을 했고, 그것들로 나를 대표할 수 있다는 사실이 자랑스러웠다. 사실 나처럼 본업 외에 다른 일을 하다가 적절한 시기에 직업을 바꾸는 사람도 많다.

영국에 부업을 소개하는 플랫폼 '캐퍼빌리티 제인Capability Jane' 이 진행한 조사에 따르면, 2000년 이후 출생한 세대 중 90퍼센트는 구직 활동을 할 때 '유연성'을 가장 중요한 고려 요인으로 꼽았다. 또 여성의 80퍼센트와 남성의 50퍼센트는 미래 직업에 유연성이 더 있길 바랐다. 그리고 30퍼센트는 높은 급여보다 유연성이 있는 일을 더 원했다.

미래에는 다단계식 인생이 일상이 될 것이다. 그렇다면 근무 외 시간에 자신의 잠재력을 발굴해 더 많은 가능성을 찾아야 한다. 자신이 표현력이 좋은 편이라면 잘 아는 분야를 선택해 유튜브 영상 등 자신의 이야기와 경험을 공유하는 것도 좋다. 이런 것들은 앞으로의 직업 생애에 새로운 문을 열지도 모른다.

Tips 쓸모 있는 심리학 산책

영국 워릭대학교 경제학 교수 앤드루 오즈월드(Andrew Oswald)는 일에 대한 만족도와 나이의 상관관계는 U자 형태의 곡선을 보이고, 38세에 저점을 찍는다는 것을 발견했다.

많은 데이터에 따르면 사람들의 행복감과 나이의 상관관계 역시 U자 형태의 곡선을 띄는데, 대략 50세 정도에 저점을 찍는다. 이를 토대로 하면 40세에서 50세 정도가 새로운 삶을 사는 첫 번째 기회 포인트로 적절하다. 과거의 우리는 그 나이대에 이직한다면 중년의 위기를 맞이한다고 생각했다. 하지만 중년의 위기는 '중년의 터닝포인트'로 바꿔야 한다는 인식과 이를 입증하는 데이터가 점점 많아지고 있다. 미국 중년의 삶(Midlife in the United States, MIDUS)의 연구 조사 결과에 따르면, 나이대의 변화에 긍정적인 태도를 지닌 사람들은 꿈을 이루거나 학업을 시작하는 등의 새로운 기회를 찾은 경우가 많았다.

Point

평생직장, 평생직업의 개념이 사라진 지 오래다. 지금까지 사람들은 평생 한 회사에서 근무했지만 앞으로 이런 일은 갈수록 줄어들 것이다. 자신의 핵심 능력을 기반으로 직업 계획을 미리 세우거나 자신의 일과 부속적인 관계가 있는 일로 겸업을 준비하며 직업 생애의 새로운 가능성을 모색해 보자. 계속 자신에게 도전하고 새로운 가능성을 시도해야 시대적 흐름에서 도태되지 않는다.

☺ 생각해 보기

해 보고 싶었지만 하지 못한 직업이 있나요? 이유는 무엇인가요?

나는
왜 인간관계가
불편한가?

인간은 무리 지어 사는 동물이다.
이 세상에 왔을 때부터 우리는 관계의 망에 들어가
동료와의 관계, 가족과의 관계,
친구와의 관계 그리고 반려자와의 관계 등
다양한 인간관계를 맺는다.
그런데 이러한 관계에서 오는 스트레스가 만만치 않다.

타인을 통해
행복할 수 없다

가장 먼저 이야기할 관계는 모두에게 익숙한 혼인 관계이다. 결혼 공포증, 노총각과 노처녀, 점점 줄어드는 결혼 가정…. 온라인에서 이런 결혼과 관련된 이슈가 등장하기만 하면 열띤 논쟁이 벌어진다. 남자와 여자가 30세가 넘었는데도 결혼하지 않으면 뭔가 문제가 있다고 보는 관점은 독신은 잘못된 선택이라는 의미를 내포하고 있다. 하지만 가정 폭력, 외도, 독박 육아와 관련된 뉴스가 끊이지 않고 등장하는 오늘날에는 결혼 공포증 또한 나날이 심각해지고 있다.

독신은 반드시 혼자 외롭게 늙어 죽게 될까? 결혼은 자기희생을 의미하는 걸까? 독신과 결혼, 어느 쪽이 더 행복할까?

중국의 저명한 작가 첸중수錢鐘書는 "결혼은 포위된 성이다. 성 밖의 사람은 들어가고 싶어 하지만, 성 안의 사람은 나오고 싶어 한다."라고 말했다. 독신이든 결혼을 했든 각자 어쩔 수 없는 부분이 있다. 이 문제를 어떻게 이성적으로 봐야 할까? 어떻게 해야 아무에게도 의존하지 않고 행복할 수 있을까?

결혼을 하든 안 하든 자신을 사랑하는 것이 먼저다

독신과 기혼자 중 어느 쪽이 더 즐거울까? 미국 학자 리쳐드 루카스Richard E. Lucas는 수백 명의 기혼자와 미혼자를 추적 조사했다. 10년에 걸친 연구 결과, 결혼이 행복감을 현저하게 높이지 않았다. 결혼 후에 신혼 효과로 만족도가 단기적으로 높아졌지만 결국 같은 수준으로 떨어졌다.

또 다른 설득력 있는 조사 연구는 하버드대학교 교수 로버트 월딩거Robert Waldinger가 주도한 유사 이래 가장 긴(75년) 행복감 연구였다. 연구 결과, 사랑이 있는 애정 관계가 있다면 사람들은 인생이 충만하고 행복하다고 느끼는 것으로 나타났다. 주의하자. 키워드는 '사랑이 있는 애정 관계'이다. 즉, 건강하고 친밀한 관계에서 반려자가 상대방에게 크고 작은 지원을 해주면 양측은 행복을 느낀다. '유독有毒'한 감정 관계는 불행만을 가져온다.

위의 심리학 연구 결과를 종합하면 결혼이 당신을 더 행복하게 해주지 않는다는 것을 알 수 있다. 따라서 결혼을 하든 독신을 선택하든 다른 사람에게 희망을 걸지 말고 스스로 기쁨을 찾는 법을 배워 어떤 상황에서도 행복하게 살아야 한다. 행복한 생활을 위한 구체적인 방법은 뭘까?

방법 1. 행복한 싱글라이프를 위해 필요한 두 가지

현재 독신이거나 앞으로 계속 독신이길 원하는 사람이라면 완벽한 독신이 되기 위한 저력을 갖추길 바란다. '저력이 있다'는 말은 '경제적으로 독립했으며, 정신적으로 여유가 있어서 근사하고 멋지게 산다'는 의미다.

경제적 기반 쌓기

일본 NHK 방송사는 〈함께 사는 일곱 여성들女7人おひとりさま みんなで一緒に暮らしたら〉이라는 다큐멘터리를 방영했다. 71세부터 83세까지 여성 7명이 '각각의 SEVEN'이라는 동거 프로젝트에서 영감을 받아 같은 아파트 일곱 채를 함께 구매해 '양로 자매단'을 결성했다.

평소 그녀들은 봄에는 벚꽃을 감상하고, 겨울에는 온천 여행을 떠나며 함께 여가시간을 보냈다. 일상에서 부족한 것이 있거나 어려움을 만나면 서로 도와주며 해결했다. 그녀들은 곱게 화장하고 서로의 삶을 따뜻하게 비춰 주며 동년배보다 행복한 시간을 보냈다.

주변을 둘러보면 여유로운 독신 생활을 즐기는 사람은 대부분 경제적 기반이 탄탄하다. 다큐멘터리에 나오는 일본 아주머니들은 NHK 방송국의 뉴스 아나운서, 신문사 기자, 광고 기획자, 심리상담가 등 젊은 시절 각자의 분야에서 굉장히 열심히 산 사람들이다.

독신이라면 자유롭게 보낼 수 있는 시간이 있어야 하고, 시간을 일에 전적으로 사용할 수 있어야 자신의 삶을 위한 경제적 기반을 쌓을 수 있다. 경제적으로 뒷받침되어야 다른 누구에게도 기대지 않고 품격 있는 독신 생활을 영위할 수 있다.

취미 생활은 필수

경제적인 독립 외에 요가, 꽃꽂이, 그림 등 정신적으로 풍요로워지는 취미 활동에도 시간을 할애해야 한다.

최근에 접한 어느 일본 여성의 이야기가 굉장히 인상 깊었다. 36세의 평범한 직장인인 그녀는 11년 동안 아파트에서 혼자 거주하는 독신 여성이다. 커뮤니티 플랫폼에 자주 글을 쓰고 생활에 유용한 팁을 공유하는 그녀는 많은 팬을 보유하고 있다. 그녀는 자신의 패션 스타일과 직접 만든 음식을 사진으로 기록하고, 계절

별로 집 안의 가구들을 소개하며 유용한 수납 도구들도 추천한다. 또 혼자 사는 일상을 소개한 책을 출간하기도 했다. 책의 글과 사진을 통해 그녀가 자신의 삶을 얼마나 사랑하는지, 얼마나 자신의 삶에 성실한지 느낄 수 있었다.

그녀는 자신의 삶을 질서정연하고 풍부하게 설계했다. 우리 주변에도 이런 독신 친구가 있을 것이다. 그들은 일이 바빠도 자신의 가치관을 명확히 하고 자신이 원하는 삶을 선택한다.

독신은 외로운 사람들이 아니다. 혼자라도 행복할 수 있다. 독신은 개인의 시간을 충분히 누리고 자신을 이해해 더 재미있고 충만한 삶을 산다. 마음이 맞는 사람을 만나면 애정 관계도 잘 유지해 안정적이고 행복한 삶을 누릴 수 있다.

방법 2. 결혼해서도 독립성 유지하기

독신이 행복을 얻는 방법을 알았으니 이번에는 기혼자들이 즐거운 삶을 사는 방법을 살펴보자.

얼마 전 스칼렛 요한슨Scarlett Johansson이 주연한 〈결혼 이야기〉를 봤다. 영화는 한 부부가 사랑에 빠져서 결혼했다가 조금씩 소원해지고 결국은 결혼 생활을 끝내는 이야기를 담았다. 이 영화는 굉장히 현실적으로 결혼의 진상을 보여준다. 결혼 후 아무리 화목한 관계를 유지하던 부부도 일상의 소소하고 반복적인 위기는 견디기 어렵다. 특히 여성의 경우 결혼한 후에도 독립적인 자아를 유지하기란 매우 어려운 일이다.

결혼한 여성은 이유를 막론하고 남편과 자녀를 세상의 중심으로 삼아서는 안 된다. 그들을 세상의 전부라고 생각하면 자신을 완전히 잃어버리게 된다. 결혼은 여성이 행복의 길로 가기 위한 튼튼한 지팡이가 아니며, 여성이 즐거운 삶을 누릴 수 있는 유일한 기둥도 아니다.

여성은 결혼한 후에도 자기 학습 능력을 유지하고 독립성을 잃지 말아야 한다. 남편의 인생을 자기의 인생이라고 생각하지 말자. 자신의 길을 찾기 위해 남편의 발자국을 뒤쫓으려 해서도 안 된다. 반쪽이 생겼다고 해서 독립적인 정신과 독립적인 사고 능력을 잃어 인생의 자주성을 잃지 않도록 하자.

(1) 좋아하는 일하기

조건만 허락된다면 좋아하는 일을 해 보자. 많은 여성이 결혼 후 자신의 가치를 잘 느끼지 못하는데 이는 평범한 일상에 묻혀 자기 자신을 잃었기 때문이다. 하지만 좋아하는 일을 하면 독립심이 커지고 자신감이 생기며 보람을 느낄 수 있다. 또 일을 하면서 안정적인 대인관계를 형성할 뿐 아니라, 새로운 정보를 얻고 사회와 발걸음을 함께 할 수 있다.

(2) 학습을 통한 충전

두 번째는 학습을 통한 충전이다. 자신에게 자양분이 되는 책이나 프로그램을 많이 보고 생각의 너비와 깊이를 확대하자. 여행을 가서 시야를 넓히는 것도 좋은 방법이다. 이렇게 하는 목적은 자신의 시야를 기존의 인지 방식에 가둬 놓지 않기 위해서다. 부모님이나 남편의 말은 다 맞는다고 생각하고 가정이라는 좁은 울타리에 갇히지 않도록 주의하자.

(3) 사회적 지원 조직 만들기

마지막으로 자신에게 사회적 지원 조직을 만들어 준다. 미국 드라마 〈섹스 앤 더 시티〉에 등장하는 네 명의 친구들은 아무리 격식에 맞지 않아도, 어떤 선택을 해도 애인보다 이해해 주고 함께하고자 한다. 〈섹스 앤 더 시티〉의 주인공처럼 언제든 당신을 도와주고 선을 넘지 않는 친구가 있다는 것은 아주 행복한 일이다.

Tips 쓸모 있는 심리학 산책

하버드대 의대 임상 정신과 교수인 로버트 월딩거는 성인 발달과 적응 분야를 집중 연구했다. 그는 그랜트 연구(Grant Study)에 참여한 것으로 유명한데, 이는 하버드 대학교가 1938년에 시작한 추적 연구 프로젝트로 행복의 이유를 찾는 것이 목적이 었다.

매사추세츠 종합병원 정신 역학 치료 및 연구센터장인 로버트 월딩거는 불교 신자 이기도 하다. 그는 참선을 통해 삶에서 가장 중요한 것이 무엇인지 깨달을 수 있다고 여긴다. 로버트 월딩거의 TED 강연은 큰 반향을 일으켰고, 그의 블로그에서 관련 글을 찾아볼 수 있다. 로버트 월딩거는 개인과 조직이 더 충실하고 의미 있는 삶을 살 도록 도와주기 위해 수명연구재단(Lifespan Research Foundation)도 설립했다. 이 재 단은 개인을 위해 독학이 가능하도록 온라인으로 지식을 제공하고, 기업조직이 직원에게 더 우호적인 환경을 만들도록 도와주는 컨설턴트 서비스를 제공한다.

Point 일상에서 행복감을 얻으려면 다른 사람에게 의존하지 않고 자신을 인식하고 자신이 어떤 사람인지 이해해야 한다. 오늘날 우리는 자신이 어떤 관계를 원하는지 생각하고 탐색할 경로와 기회가 많고, 사회도 예전보다 더 관대해졌다. 자신을 누리고 받아들일 준비를 하자. 그러면 당신이 독신이든 연애 중이든 결혼을 했든 더 많은 행복감을 느낄 수 있다.

😊 **생각해 보기**

지금 당신의 정서는 어떤 상태인가요? 정서가 달라지면 어떤 변화가 일어나나요?

안정적인
애정 관계

심리학 지식을 알리기 시작한 후 애정 관계에 관한 질문을 많이 받는다. 며칠 전에도 한 학생이 나를 찾아와 여자 친구와 만나고 헤어지기를 반복한다고 하소연했다. 여자 친구와 특별히 관계가 나빠질 사건도 없었는데 예전만큼 사랑하지 않는다며 헤어지자는 말을 꺼낸다는 것이다. 또 어떤 이는 결혼한 후로 남편과 많은 부분이 맞지 않는다는 생각이 들었고, 배우자를 잘못 만난 것은 아닌지 의심이 든다고 했다.

의심, 이별에 대한 걱정, 사랑을 확인받고 싶은 바람…, 이는 일부 애정 관계에 있는 사람들에게 나타나는 모습들이다. 이런 모습의 배후에는 공통된 문제가 있는데, 바로 '관계의 불안'이다. 애정 관계에서 계속 불안을 느끼고 그 불안을 일상생활에까지 가져와 말다툼과 스트레스를 초래한다면 두 사람의 애정도는 급격히 떨어진다.

관계의 불안을 어떻게 해소할 수 있을까? 어떻게 해야 품격 있는 애정 관계를 유지할까? 애정 관계를 유지하든 아니든, 관계의 불안을 해소하는 방법을 알면 현재나 미래의 연애와 결혼 생활에 자신감을 얻게 될 것이다. 그런데 자신이 관계의 불안을 느끼고 있는지는 어떻게 판단할까? 다음의 구체적인 예와 관계의 불안이 유발하는 세 가지 모습을 살펴보자.

첫째, 자신이 반려자에게 중요한 사람인지 확인받고 싶다.

나와 떨어져 있을 때 나를 그리워하는지, 내가 곤란한 일을 겪을 때 그가 조건 없이 지지하고 배려할지 궁금하다

둘째, 자신에 대한 반려자의 느낌을 자주 의심한다.

한참 답장이 없거나 나의 애정 행각에 조금이라도 늦게 반응하면 '이제 나를 사랑하지 않는 걸까?'라며 상대방을 의심한다. 그러고는 '맞아, 그 사람은 이제 나를 사랑하지 않아. 예전에 문자를 보내면 몇 초 만에 답장이 왔는데 이제는 한참 지나도 소식이 없잖아.'라고 과도한 해석을 한다.

셋째, 이별이 걱정되고 상대방이 헤어지자고 할까 봐 두렵다.

어렵게 시작한 애정 관계를 지켜내고 갈등을 막기 위해 불안한 당신은 자신의 행동을 억지로 바꾼다. 시간관념이 철저한 당신과 달리 일상적으로 지각을 하는 상대방에게 자신을 떠날까 봐 두려워서 참고 아무런 내색도 하지 않는다. 정면으로 부딪치지 않기로 선택한 당신은 상대방이 불쾌한 일을 저질러도 오히려 상대가 화를 낼까 봐 걱정한다.

이런 모습이 오랜 시간 이어지면 두 사람의 애정 관계에 영향을 미친다. 대부분 커플 사이의 갈등은 이런 모습 때문에 일어난다. 이는 상대방을 혼란스럽게 하고 심지어 화를 불러일으킨다. 그리고 두 사람의 갈등이 계속 쌓여 더 큰 불안을 만든다. 많은 커플의 감정의 기초가 이런 악순환을 통해 점점 사라져버린다.

관계의 불안은 어디서 올까?

관계의 불안을 해소하기 전에 먼저 관계의 불안이 생기는 근원을 알아보자. 불안의 원인을 어느 한쪽이 의견을 맞추기 어렵고 까다로워서라고 말할 수 있다. 하지만 단순히 까다롭다는 말로 원인을 덮으면 불안의 배후에 숨겨진 진짜 욕구를 놓치기 쉽다.

불안은 우리의 과거 경험과 성격의 특징에서 비롯되는 것으로 그것은 정서적 연결에 대한 갈망을 반영한다. 아마도 당신이나 상대방은 과거 '나쁜' 상대를 만났고, 깊은 상처를 입은 경험이 있을 지도 모른다. 배신, 바람, 거짓말 또는 이유 없는 이별 선고 같은 경험이 있다면 새로운 상대방이 특별한 행동을 하지 않아도 믿기 어렵다. 어떤 말이나 행동이 상대방에 대한 반응을 촉발하고 이로 인해 상처받았던 과거의 경험이 떠오르는 것이다.

또 불안의 가장 중요한 근원은 어렸을 때 형성한 '애착 관계'다. 미국 심리학자 존 볼비John Bowlby가 제시한 개념으로 그는 어린이를 관찰하는 과정에서 아이들이 엄마에게 애착을 표현할 때 굉장히 다양한 교류 방식이 있는데, 그 행위는 사람마다 다른 행동양식을 형성해 성인이 될 때까지 함께한다는 것을 발견했다.

애착 관계는 대체로 (1) 안정 애착 (2) 불안정-회피 애착 (3) 불안정-저항 애착 등 세 가지로 나뉜다. 연구에 따르면, 아이가 어렸을 때 부모가 아이의 심리 및 생리적 요구에 바로 관심을 주고 반응하면 아이는 세상을 탐색하기에 충분한 안정감을 느끼고 안정형 애착을 형성한다.

안정형 애착 관계가 형성된 아이는 성인이 된 후 애정 관계에 더 많은 안정감을 느끼고 양호한 대인관계를 형성하며 반려자에게 더 많은 믿음과 지지를 보낸다. 그러나 불안정 애착이 형성된 사람은 어렸을 때 부모가 그들의 감정적 요구를 즉각 충족시켜 주지 못하거나 그들의 자기 탐색을 제한했을 가능성이 높다. 이들은 성인이 된 후 애정 관계에서도 안정감을 느끼지 못하고 의심, 불안, 자기모순에 빠진다. 예를 들면 그들은 예전에 부모가 자신을 갑자기 버린 것처럼 반려자가 자신을 떠날 거라고 걱정한다.

여러 현상과 이유를 파악한 후 "내게 '관계의 불안'이 있는 것 같아. 게다가 심층적인 이유를 알았는데 설마 내가 영원히 관계의 불안에서 벗어날 수 없다는 의미일까?"라는 고민에 빠졌을지도 모른다. 사실 당신이 끌어낼 수 있는 변화는 굉장히 많다. 하지만 그 전에 자신에게 박수갈채를 보내자. 이미 자신의 불안을 제대로 보았고 변화를 줄 시도를 했기 때문이다. 그렇다면 이제 관계의 불안을 해소할 방법을 살펴보자.

방법 1. 자기 합리화와 역지사지

자기 합리화를 통해 삶에서 일어나는 어느 정도의 불안은 정상적이고, 애정 관계에서도 역시 그렇다고 자신에게 알려주어야 한다. 불안감이 생기면 '이건 정상이야, 누구나 이런 일을 겪을 수 있으니까 괜찮아. 내가 잘 처리할 수 있어.'라며 자신에게 긍정적인 심리 암시를 주자. 그러면 자신감과 안정감이 커진다.

자기 합리화 외에 '역지사지'도 좋은 방법이다. 상대방이 한참 동안 내 문자에 답장하지 않으면 화가 난다. 이럴 때 상대방을 비난하고 싶은 충동을 억제하고 우선 그가 오랫동안 답을 하지 않는 이유를 생각해 보자. 전날 당신과 말다툼이 있었던 상대방은 잠시 냉각기를 갖고 싶거나 감히 아무 말도 못 하고 있을지도 모른다. 오늘 그 사람이 너무 바빠서 바로 답하지 못했을 수도 있다. 이유를 곰곰이 생각하다 보면, '그 사람이 나를 사랑하지 않는 걸까'라는 생각은 멈추게 된다. 그러면 부정적 감정의 소용돌이에 빠져서 생각할수록 괴롭고 불안해지는 상태를 피할 수 있다. 입장을 바꿔서 상대방의 관점에서 문제를 바라보면 상대방에게 필요한 것이 무엇인지 더 잘 이해할 수 있을 뿐 아니라 서로의 거리를 줄이고 애정 관계를 발전시킬 수 있다.

방법 2. 서로의 이해 높이기

자기 합리화든 역지사지든 불안한 감정을 해소하기 위한 처방이다. 자신의 감정을 해결한 후에 올바른 소통 방식으로 상대방에게 나의 근심을 말하면 서로의 이해를 높일 수 있다.

'나' 대화법

아주 훌륭한 소통 방식이 있다. '나'라는 단어를 넣고 생각을 말하면 상대방은 비난받는다고 생각하지 않는다. 예를 들어 사이가 소원해졌다는 생각이 들었을 때 "넌 이제 더는 나를 사랑하지 않는 것 같아."보다는 "나는 요즘 우리 사이가 조금 멀어진 것 같아. 그래서 나에 대한 감정이 변했는지 걱정돼."라고 말해 보자. 당신이 생각과 해결책을 이야기할 때 상대방이 당신의 말을 진지하게 고민한다면 소통을 통해 오해를 풀 수 있을 것이다.

동기를 말한 후 여지를 주자

소통하다 새로운 갈등이 생기는 것을 피하려면 상대방에게 요구할 때 먼저 동기를 말한 다음 여지를 주는 것이 좋다. 예를 들어 어떤 일 때문에 냉전이 시작되었고 당신은 상대방과 잘 소통하기를 바란다. 그럴 때 먼저 동기를 말해 보자.

"지난주에 우리 사이에 작은 문제가 있었잖아. 그 문제를 통해서 갈등을 피할 방법을 이야기해 보면 좋겠어. 냉전에 관한 너의 생각을 알고 싶어. 그러면 우리가 서로를 더 이해하고 관계가 좋아질 것 같아." 그런 후에 상대방에게 여지를 남겨 주자.

"물론 만약 이야기하고 싶지 않다면 강요하지 않을게. 언제든 이야기하고 싶으면 말해."

지금까지 말한 방법들이 당신의 불안을 해소할 수 없다면 전문적인 도움을 찾길 바란다. 전문가와의 상담을 통해 당신과 반려자는 상대방의 생각과 내면의 욕구를 이해하고 안정감을 느끼면서 자신의 경험을 말할 수 있다.

Tips 쓸모 있는 심리학 산책

존 볼비의 아버지는 외과 의사였다. 의사보다 발달심리학에 더 흥미를 느낀 그는 대학교 3학년 때 의학을 포기하고 학교에서 잘 적응하지 못하는 아이들을 지도하기 시작한다. 훗날 그는 그 경험이 자신에게 매우 중요했다고 말한다.

2차 세계대전 당시 도둑에 관한 연구가 애착 이론에 탄탄한 기반을 마련했다. 이 연구에서 존 볼비는 사람이 5세 전에 주요 양육자와 오랜 시간 분리되었을 경우 그 사람에게 매우 큰 영향을 미치는데 절도 습관이 그중 하나라는 사실을 발견했다. 또 5세 전의 아이가 주요 양육자와의 분리 시간이 길어질수록 감정 결핍이 나타날 확률이 높다는 것도 발견했다.

이 이론은 애착 관계에서 매우 중요하지만, 논쟁의 대상이 되기도 했다. 가정의 사회경제적 위치, 종족, 문화와 같은 영향을 고려하지 않았기 때문이다. 또 온라인 활동이 빈번하게 이뤄지는 현대 사회에서 온라인에서의 상호 활동이 애착 관계에 어떤 영향을 끼칠지 역시 이론적으로 해석할 방법이 없다.

Point

'관계의 불안'은 아주 흔하게 일어나는 불안감이다. 언뜻 보기에는 반려자가 문제를 일으킨 것 같지만, 사실 대부분 자신의 감정 욕구가 충족되지 않아서 일어난다. 상대방이 '관계의 불안'을 이해하지 못하면 더 많은 불쾌감을 유발하고 불안한 사람은 걱정이 더 커져 관계가 악순환에 빠진다. 자신이나 상대방에게 시간을 주고 함께 불안의 근원을 탐색하고, 분석하고 소통한다면 두 사람은 서로를 더 잘 이해하게 될 것이다.

☺ 생각해 보기

애정 관계에 불안을 느낀 적이 있나요? 그 불안을 어떻게 해소하였나요?

사랑하지만
상처도 주고받는 가족

최근 부모님의 건강이 걱정되어 부모님과 함께 살게 된 친구가 있다. 조금만 노력하고 배려하면 즐겁게 살 줄 알았는데 매일 크고 작은 갈등이 끊임없이 일어난다는 것이다. 친구의 부모님은 전자 기기 사용에 익숙하지 않아 하마터면 화재를 일으킬 뻔했다. 아이들은 할머니, 할아버지와 함께 살고부터 지금까지 정해 놓은 규칙과 요구사항을 지키지 않았다. 아이를 훈육할 때면 부모님이 개입하면서 가족 간에 마찰이 늘어났고 친구는 결국 불안 증세까지 보였다.

세대를 뛰어넘는 원활한 소통에 대해 알아보자. 한동안 온라인에서 '부모님과 소통할 수 없는 당신은 얼마나 절망적인가?'라는 주제가 주목받았다. 이에 대해 많은 네티즌이 생생한 댓글을 남겼는데 그중 '좋아요' 수가 가장 많았던 글이다.

> 우리 엄마는 나와 구체적인 문제를 토론할 때 나와 다른 논리의 시공간에 계신 것 같다. 엄마의 논리는 모든 것이 당신의 감정에서 출발한다. 엄마가 기분이 좋을 때는 나와 친구 사이처럼 이야기를 나누지만, 나와 의견이 다를 때는 "어떻게 그런 태도로 나를 대할 수 있니?"라는 말로 시작해서 "너를 어떻게 키웠는데….."라는 말로 이어지니 소통할 힘이 빠진다.

가족 간 원활한 소통을 위한 말하기

부모와의 소통도 어렵지만 자녀와의 소통도 어렵기는 매한가지다. 집에도 있는 비슷한 장난감 자동차를 사달라고 막무내로 떼를 쓰는 아이는 부모의 말을 들을 생각은 전혀 하지 않는다.

웃어른과 소통하든, 아이와 소통하든 주로 세 가지 소통 장애에 부딪친다. 이 장애를 이해하고 조율하면 당신의 불안을 조금씩 완화할 수 있다.

첫 번째 소통 장애는 '경청하지 않는 모습'이다.

경청하지 않는 모습은 다양하게 나타나는데 그중 가장 직접적인 모습은 집중하지 않거나 상대의 말을 끊는 것이다. 어른이나 아이가 집에 돌아와서 재미있었던 일을 이야기하지만, 엄마는 들을 생각이 없고 휴대전화만 만지작거리거나 아이의 말을 억지로 끊어서 기분을 상하게 한다. 누구나 매일 정신없이 일하고 집에 돌아오면 쉬고 싶다. 하지만 아이에게 "응?", "그래?", "그랬어?", "그래서?" 등 간단한 대답이라도 한다면 아이의 기분을 더 좋게 할 수 있다.

두 번째 소통 장애는 '고발식 표현'이다.

부모님과 대화할 때 우리는 자주 '너는 어떻다'라는 식의 말을 듣는다. "너는 정말 너무하는구나.", "내가 볼 때 너는 너무 버릇없어." 같은 표현은 모든 잘못과 책임을 아랫사람에게 덮어씌우는 것 같아 감정이 쉽게 격화된다.

그런데 곰곰이 생각해 보자. 나 자신도 역시 자녀에게 그런 식으로 표현하며 아이를 가르치려 들지 않는가? 아이가 잘못했다고 생각할 때 "매일 무슨 생각을 하고 사는 거야?" 같은 말을 했을지도 모른다.

이런 표현이 흔한 이유는 뭘까? 그것은 우리의 마음속 불만이나 걱정을 표현하기 편리하고, 고발을 통해 소통 대상을 빠르게 부정할 수 있기 때문이다. 하지만 이런 '고발'은 문제를 해결하는 것이 아니라, 오히려 갈등과 분노를 일으킨다. 많은 경우 우리는 악의가 있어서가 아니라 감정을 표현하는 법을 잘 몰라 이렇게 간단하고 거칠며 직접적인 방식을 사용한다.

세 번째 소통 장애는 '세대 간 충돌'이다.

모두 이 문제에 익숙할 것이다. 부모 세대와 자녀 세대가 소통할 때 문화와 가치관이 다르다는 사실을 간과한다. 부모가 살아온 시대를 겪어 보지 않은 만큼 부모의 훈육 논리를 이해하기 어려울 때가 있다.

『기울어진 교육』이라는 훌륭한 육아서가 있다. 이 책의 저자는 격동의 시대를 겪은 부모 세대는 자녀의 건강과 안전을 보장하기 위해 위험을 무릅쓰면서까지 가업을 계승하고자 노력했다고 소개한다. 이런 환경에서 권위적인 가정교육과 양육이 이루어졌고, 가장은 최고의 권력을 소유하며 자녀의 삶을 독단적으로 계획하고 의심이나 질문은 받아들이지 않았다.

이런 사상 또는 육아 방식을 지닌 우리의 부모 세대는 군림하는 태도로 자녀를 대하는 경향을 보이며 자녀의 감정적 욕구에 민감하지 않았다. 하지만 우리는 개방적인 시대에 자라났고 독립적인 삶과 자유로운 성장을 동경한다. 그래서 우리의 인생관, 세계관 그리고 가치관은 부모와 많은 충돌을 일으킬 수밖에 없다.

앞서 소개한 소통 장애 세 가지는 (1) 상대방의 말을 진지하게 듣지 않는 태도 (2) 고발식 표현으로 인해 마찰 발생 (3) 세대 차이로 인한 서로의 심리적 욕구 몰이해로 정리할 수 있다. 가족과 일상적인 소통을 할 때 이런 상황 때문에 문제가 된 적은 없었는지 생각해 보자.

가족과 원활한 소통을 원한다면 어떻게 하면 좋을까? 흔히 발생하는 소통 장애 세 가지와 일상에서의 사례를 통한 소통원칙을 살펴보자.

방법 1. 가장 중요한 것은 존중

첫 번째 원칙은, 웃어른이든 자녀든 소통할 때 중요한 것은 '존

❶ 결여된 경청
- 주의력 분산, 말 끊기
- **해결 방법**: 간단한 대답을 하고 계속 생각을 표현하도록 격려

❷ 고발식 표현
- 공감력 부족, 모두 '너'의 잘못이다
- **해결 방법**: 진정한 관심은 많이, 이기적인 비난은 적게

❸ 세대 간 충돌
- 자신의 가치관만 인정하고 다른 사람의 가치관은 부정
- **해결 방법**: 가치관 차이 때문에 생각이 다르다는 것을 인지하고, 사람이 아닌 사건에 대해 말하기

[자주 발생하는 소통 장애]

중'하는 마음이다.

낯선 사람이나 친구와 대화할 때 우리는 존중하는 모습을 보인다. 하지만 가장 가까운 가족과 함께 있을 때는 관계가 가깝다는 이유로 오히려 존중하지 않을 때가 많다. 우리는 '사랑이라는 이름으로' 상대방을 묶어 두거나 심지어 상처를 입힌다. 하고 싶은 말이 있으면 바로 내뱉고, 그런 말이 상대방의 심리에 어떤 영향을 끼칠지 진지하게 생각하지 않는다. 하고 싶은 것이 있으면 상대방의 입장은 고려하지 않고 마음대로 먼저 하겠다고 주장한다. 하지만 상대방을 존중하면 상대방을 독립된 개체로 보고 '그 사람의 욕구를 출발점'으로 하여 상대방을 이해하고자 한다.

웃어른과 소통하는 경우, 나이가 들어 사회와 분리된 부모가 변화한 사회의 새로운 모습을 잘 이해하지 못한다면 어떻게 소통할 것인가? 어차피 설명해도 잘 이해를 못 하시니 대충 설명하고 더 이상의 소통을 멈추겠는가? 어머니에게 휴대전화를 이용해 온라인 쇼핑몰에서 주문하는 법을 알려줄 때 "이렇게 간단한 것도 못 하시면 어떡해요?", "몇 번을 말했는데 계속 틀리시네요." 같은 말을 한 적이 있는가? 또 우리는 부모에게 부정적인 감정이 생겼을 때 부모를 존중해야 한다는 사실을 쉽게 망각한다. 자녀와 소통할 때라면 존중은 더 어렵다. 자녀가 아직 어리고 철이 없다고만 생각하고 자기 생각을 강요하기 때문이다.

아이가 다섯 살 무렵에 주방에다 밀가루와 물을 한가득 쏟아 놓았던 적이 있었다. 그 상황을 본 나는 화가 나서 주방을 엉망진창으로 만들어 놓으면 어떻게 하냐고 혼을 냈다. 아이는 아직 다 빚지 못한 밀가루 반죽을 들어 보이며 "내일이 아버지의 날이라 아빠에게 판다 비스킷을 선물해 주고 싶었어요."라고 말했다. 아이의 대답에 이유를 묻지도 않고 화를 낸 나 자신이 너무 부끄러웠다.

방법 2. 감정이 먼저, 시비 가리기는 그다음

두 번째 원칙은, 감정을 먼저 다뤄 주고 시비는 그다음에 따져야 한다.

가족과 소통할 때 아무리 이치를 따져도 소용없을 때가 있다. 이치와 혈육 간의 정을 논하자면 혈육 간의 정이 이치보다 영원히 더 크기 때문이다. 앞에서 말한 '고발식 표현'을 피하고 웃어른이나 자녀와 대화할 때 '나는'이라는 말로 시작하자. 거기에 상대방에 대한 나의 관심과 생각을 표현하자. 즉, 먼저 정情을 말하고 그다음 이치를 말하면, 소통 중에 발생하는 갈등과 다툼을 줄일 수 있다. 예를 들면 부모님 방에 연기 탐지기를 설치할 때 "어머니, 지난번 깜박하고 불을 안 꺼서 집을 통째로 태울 뻔했잖아요. 연기 탐지기 사서 놓을게요."라고 말하면 어머니는 자신이 늙고 능력이 떨어져 비난받았다고 생각할 뿐 어머니에 대한 관심에서 비롯되었다는 것을 느끼지 못한다. 하지만 어머니에게 관심을 먼저 표현한 후 그렇게 하는 이유를 말해 보면 어떨까?

"어머니, 저는 어머니가 불 끄는 것을 깜박했을 때 아무도 알려 주지 않을까 봐 걱정돼요. 그래서 스마트 경보기를 샀어요. 제 친구도 부모님 집에 설치했는데 도움이 많이 됐대요. 우리도 한번 써 봐요." 이러면 어머니는 따뜻함과 배려를 느끼고 기쁘게 당신의 제안을 받아들인다.

자녀와 소통할 때도 마찬가지로 우선 감정을 이야기하고 이치를 말하자. 아이가 옷을 얇게 입고 외출하려고 하면 감기에 걸릴까 봐 걱정된다. 이때 옷을 챙겨 주며 "얘야, 옷을 더 껴입어. 그렇지 않으면 나가서 못 놀게 할 거야."라고 직설적으로 말한다면 아이는 명령과 처벌이라고 생각할 뿐 엄마의 관심은 느끼지 못한다. "얘야, 옷을 얇게 입고 나갔다가 아프기라도 하면 나가 놀지 못하잖아. 그러니까 한 벌 더 챙겨 입으렴."이라고 말하면 어떨까? 아이는 순순히 옷을 입을 것이다.

Tips 쓸모 있는 심리학 산책

인간의 수명이 연장되면서 결혼한 자녀와 부모의 소통은 나날이 중요한 문제가 되고 있다. 새로운 가정을 꾸린 자녀는 책이나 자료의 도움을 받아 가며 육아에 힘쓰지만, 고령 부모와의 소통 문제에 대해서는 많이 생각해 보지 않는다. 고령의 부모 역시 자녀와의 소통 문제를 해결할 생각이 별로 없다.

《건강(康健)》을 발행하는 대만 잡지사의 전임 사장 리서(李瑟)는 "청년들의 유리 같은 여린 마음을 탓하지 말자, 우리가 상냥함을 보여 주자."라는 칼럼에서 '따뜻함이라는 것은 말의 따뜻함뿐 아니라 상대방의 느낌을 배려하고, 상대방을 지켜 주는 성숙함이다.'라고 밝혔다. 우리에게 훌륭한 가르침을 주는 말이다. 윗사람이 아랫사람을 대하든, 아랫사람이 윗사람을 대하든 이 말을 규범으로 삼아야 한다. 모두 서로에게 조금만 더 따뜻함을 보이고 질책을 줄인다면 우리 사회는 더 화목해질 것이다.

Point

웃어른, 아랫사람과 소통하는 것이 어렵다고 생각하는 사람들이 많다. 하지만 소통 장애를 인식하고 상대의 감정을 중시하며 존중하는 마음으로 소통한다면 그들과의 대화가 생각만큼 힘들지 않다. 내가 변하면 웃어른 또는 아랫사람과 더 원활하게 대화를 나눌 수 있다.

😊 생각해 보기

부모 또는 자녀와의 소통에 실패한 경험을 떠올려 보세요. 배운 내용을 토대로 어떤 부분을 바꾸면 좋을까요?

친구와의 우정을
그릇에 담는다

　페이스북, 카카오톡 또는 인스타그램에 친구가 몇 명이나 있는가? 그들 중 자주 연락하는 사람은 몇 명인가? 가족과 회사 동료 외에 나와 함께 성장한 학교 친구들, 함께 놀았던 친구들과 자주 연락하는가?

　함께 울고 웃었던 친구들이 언제부터인지 점점 연락이 뜸해졌다. 심지어 "온라인 모바일 메신저에 서로 친구 추가하면 알고 지내는 사이이고, 1년에 전화 몇 통 하면 친한 친구이고, 비 오는 날 나와 밥을 먹고 싶어 하는 사람은 생사도 같이 할 수 있는 친구다."라는 말도 생겼다. 참 재미있으면서도 현실적인 말이다.

　사람은 외로움이 두려워서 친구를 사귄다. 하지만 어떤 친구가 마음을 다해서 사귈 만한 사람일까? 왜 어떤 친구들은 갈수록 멀어질까? 우리는 우정을 어떻게 유지해야 할까?

우리 삶에 꼭 필요한 친구

우선 첫 번째 질문에 답해 보자. 어떤 친구가 마음을 다해서 사귈 만할까? 미국의 베스트셀러 작가 톰 래스Tom Rath는 저서 『프렌드십』에서 우리 삶에 없어서는 안 될 친구의 역할로 동기부여형 builder, 옹호형champion, 공유형collaborator, 동반자형companion, 가교형 connector, 활력소형energizer, 각성제형mind Opener, 길잡이형navigator 등 여덟 가지를 소개했다. 이 여덟 가지 역할을 정리하면 네 가지 유형으로 나눌 수 있다.

(1) '동반형' 친구

이런 유형의 친구는 나를 조건 없이 좋아하고 나의 안녕을 진심으로 바란다. '버팀목', '절친', '형제' 등으로 표현할 수 있는 이 유형들은 언제나 나를 칭찬하고 지지하며 나의 말을 신뢰한다. 내가 회사 사장을 비난하면 그들은 공감하고 함께 비난해 준다. 내가 퇴사를 선택하면 그들은 박수를 쳐준다. 나에게 큰일이 생기면 나 역시 이들에게 제일 먼저 알린다.

(2) '협력형' 친구

이 유형의 친구는 나와 비슷한 경력과 취미가 있다. 또 비슷한 인생 목표나 직업 목표를 가진다. 한때 동료였거나 맡았던 업무가 비슷하고, 어떤 산업에 대한 견해가 비슷한 친구들이 이 유형에 속한다. 또 직업에 대한 계획도 비슷해서 공감대가 잘 형성되고 목표를 달성하기 위해 서로 도와준다.

(3) '지도형' 친구

이 유형의 친구는 보통 내가 생각의 폭을 넓히거나 곤경에 빠졌을 때 도와준다. 가끔 일과 삶에서 이해할 수 없는 문제를 만났을 때 이 친구들을 찾아가 이야기하면 상황을 분석하고 도움이 되는 충고를 해 준다.

(4) '연결형' 친구

이 유형의 친구는 나를 다른 사람에게 소개해 주며 인맥을 넓힐 수 있게 이끌어 준다. 또 굉장히 의욕적이고 긍정적이며 유쾌하다. 인맥도 넓어서 식사 약속을 하거나 모임을 가지면서 서로를 소개해 준다. 나도 학생일 때 이런 친구를 통해 동향이나 같은 전공의 선후배를 알게 되는 기회를 많이 경험했다.

동반형, 협력형, 지도형, 연결형의 네 유형을 분석해 봤으니 이번에는 주변에 어떤 친구가 이 유형에 속하는지 생각해 보자. 언

❶ 동반형

조건 없이 당신을 지지하고 항상 당신 곁에 있다.

❷ 협력형

생각이 비슷하고 공동의 목표를 위해 노력한다.

❸ 지도형

많은 가르침을 준다.

❹ 연결형

인맥을 넓히도록 도와준다.

[반드시 필요한 친구 유형]

제나 내 곁에 있고, 나와 관심사가 같고, 나에게 교훈을 주고, 인맥을 넓히는 데 도움을 주는 친구가 많은가?

어떤 친구들은 두 가지 또는 그 이상의 역할을 하기도 한다. 나와 관심사가 같으면서도 내게 여러 가지 교훈을 주는 친구도 있다. 주변에 이런 친구가 있다면 소중히 여겨야 한다. 평생 마음을 알아주는 친구는 별로 많지 않기 때문이다. 대부분의 친구는 인사 몇 번 나눠 본 사이이거나 '좋아요'를 눌러 주는 사이일 뿐이다.

친구와 갈림길에 섰다면…

이번에는 두 번째 질문을 살펴보자. 왜 무척 친했던 친구들과 조금씩 소원해질까? 무엇이 우정에 영향을 줬을까? 우선 각각 삶의 단계에서 나타나는 우정의 특징을 살펴보자.

(1) 사춘기는 매우 중요한 경계점이다. 사춘기 전에는 친구가 있어도 인간관계는 가족 위주이다. 하지만 사춘기를 겪으면 자아의식이 강해지고 가정의 속박을 벗어나길 원하면서 인간관계에서 우정이 차지하는 비중이 커진다.

(2) 성인이 되면 가족과의 관계가 긴밀해질 기회가 별로 없는데 이는 매우 정상적인 현상이다. 학업이나 일 때문에 가족과 멀어지고 가족 관계는 자연스레 옅어진다.

(3) 결혼하고 자녀가 생기면 또 하나의 경계점이 된다. 결혼하기 전에는 친구와의 관계가 비교적 중요했다. 하지만 결혼 후, 특히 자녀가 생기고 난 후에는 인생의 중심이 친구에서 내가 꾸린 가족으로 바뀐다.

이렇듯 우정은 인생의 각 단계에서 변화를 겪는다. 따라서 나와 친구 사이의 거리도 변화가 발생하는 것은 어쩌면 당연하다. 어떤 사람들은 여전히 서로 자주 왕래하며 서로의 인생에 깊이 개입한다. 하지만 어떤 사람의 우정은 천천히 휴면 상태에 들어간다. 마음속으로는 상대방을 여전히 친구라고 생각하지만, 평소 연락하거나 활발히 만나지 않는다. 이런 동태적인 변화 때문에 사람들이 자신을 떠났다거나 친구가 줄었다는 생각이 들지만, 몇 명과의 관계는 조금 더 단단해지고 소중하게 남는다. 어쩌면 평범하고 밋밋해 보이는 우정이지만 더 안정적이다.

그렇다면 우리는 우정을 유지하기 위해 어떤 노력을 해야 할까?

방법 1. 용기 이론: 나를 알아주는 친구와 나아가기

첫 번째 원칙은, '용기容器 이론'을 활용해 마음을 알아주는 친구와 더 멀리 나아가는 것이다.

'용기 이론'이란 뭘까? 이 말은 호주의 사회혁신전문가 리안 허버드Ryan Hubbard가 제시했다. 그는 사람의 귀속감을 높이는 데 힘쓰는 사회기업 카이트스트링(Kitestring, 현재 컨설팅회사 힌터랜드Hinterland 사업 부문)의 창업자다. 리안 허버드는 그의 풍부한 실무 경험을 통해 우정을 더욱 친밀하게 만드는 방법 네 가지를 제시했는데 용기 이론은 그중 하나다.

친구를 고정된 용기 안에 넣으면 우정을 더 쉽게 유지할 수 있다는 이론이다. 여기에서 용기란 '정기적으로 함께 어떤 일을 하는 것'이다. 예를 들어 함께 여행을 가거나 전시회를 보거나, 지금껏 경험해 보지 못한 일을 함께하는 등 자신들만의 경험을 용기에 담아 공유하면 마음이 더 잘 맞는 사이가 된다.

한 종단 연구에서 연구자들은 친구 간의 단어 게임 결과에 따라 미래 우정의 친밀도를 예측하는 데 성공했다. 그들은 상호 간 호흡이 잘 맞을수록 미래 우정의 친밀도가 높아진다는 사실을 발견했다.

어떤 이유로 친구와 점점 멀어진다거나 결혼 및 출산 때문에 상대방과 함께하는 시간이 줄어들 때 능동적으로 용기를 업그레이드해 우정을 계속 유지하길 바란다. 여기에서의 업그레이드란 '용기의 견고성'을 높이는 것이다. 자주 만나지는 못해도 가끔 왕래하며 무슨 일이 있었고, 어떤 기분이었는지 서로의 근황을 나눠보자. 깊이 있는 소통은 우정을 유지하는 데 도움이 된다.

내게는 평소 자주 만나지는 못해도 매우 가까운 작가 친구가 있다. 그는 내게 자주 이메일을 보내 최근 본 책이 무엇인지, 어떤 생각을 하는지 등에 대해 알려주고, 나 역시 성심성의껏 답장을 쓴다. 이런 깊이 있는 교류와 소통 덕분에 우리의 우정은 십여 년간 이어졌고, 앞으로도 계속 이어지리라고 믿는다.

방법 2. 집착은 금물, 친구와 잘 이별하기

두 번째 원칙은, 집착하지 않고 기차에서 내리는 친구와 잘 이별하는 것이다.

삶은 결국 외로운 여행이다. 이 여행이라는 기차에 언제든, 누구든 오르거나 중도에 내릴 수 있다. 나와 인연이 닿아 함께했던 친구에게 끝까지 같이 가야 한다고 강요할 수는 없다. 사는 도시가 바뀐다는 것은 대부분 우정이 끝난다는 것을 의미한다. 비록 그립고 아쉽지만 상대방에게 함께 가자고 억지로 잡아끌 수 없다. 갈림길에 닿을 때마다 친구가 기차에서 내리길 원하면 따뜻한 인사말과 함께 보내 주어야 한다. 작가 위화余華의 『가랑비 속의 외침』에 나오는 말처럼 말이다.

"나는 더 이상 허세를 부리듯 많은 친구들을 소유하고 있지 않아. 고독 속으로 돌아가서 진정한 나로서 독자적인 생활을 시작했어."

나이가 들면서 누군가를 사귄다는 것은 억지로 이루어지는 게 아니라는 것을 깨닫게 되었다. 살면서 많은 친구가 필요하지는 않다. 두세 명의 절친한 친구면 그것으로 충분하다. 점차 소원해지는 친구들은 그들과의 아름다운 우정을 마음속에 소중히 간직하면 그만이다.

Tips 쓸모 있는 심리학 산책

리안 허버드는 오스트레일리아의 창업가로 링크트인(Linked-In)에 '나는 엄격함과 마음을 확실히 드러내는 일을 믿는다(I believe in work that honors both rigor and heart).'라고 자신을 소개했다. 그의 경력으로 봤을 때 그는 정말 이런 신념을 갖고 일하는 사람이다.

오스틴 디자인센터에서 관련 교육을 받은 리안 허버드는 오스트레일리아 사회혁신센터에 합류해서 사회 조직의 변화와 혁신을 도모할 솔루션을 제공하는 데 힘썼다. 2017년 그는 힌터랜드를 설립했다. 힌터랜드는 사람 사이, 나아가 대자연과의 귀속감을 형성하는 데 취지를 두고 있다. 그중 인간관계 부분은 카이트스트링이라는 사회적 기업에 예속되었는데, 이 기업은 관계를 회복하고자 하는 사람들을 돕고 지역사회에서 주민들 사이의 귀속감을 구축할 수 있는 교육 과정을 개설했다.

Point

친구를 사귀는 것은 어렵지 않다. 어려운 것은 우정을 유지하는 것이다. 우정은 다시 상영할 수 없는 절판 영화와 같아서 흩어지면 다시 돌아오기 어렵다. 따라서 누가 깊이 사귈 만한 친구인지 제대로 알고 성심성의껏 우정 관계를 유지해야 한다. 중도에 하차한 친구가 있다면 손을 흔들어 작별 인사를 하자. 몇 명의 친구가 있는지가 중요한 것이 아니라, 우정의 질과 친구 사이의 마음과 뜻이 맞는 게 중요하기 때문이다.

☺ **생각해 보기**

이 글을 읽은 후 어떤 친구가 떠올랐나요? 그에게 하고 싶은 말이 있나요?

남과 비교하는
습관 멈추기

얼마 전 한 여학생이 실연을 당했다. 그녀는 헤어진 지 얼마 안 되었을 때 전 남자친구의 소셜 네트워크를 전보다 더 자주 들여다보았다. 누가 이별의 승자이고, 누가 더 행복하게 사는지 확인하고 싶어서였다. 그녀는 매일같이 휴대전화를 뚫어져라 쳐다보며 전 남자친구의 소셜 네트워크에서 그의 행적을 파헤쳐 언제 새 연애를 시작했고 어떻게 살고 있는지 알아냈다. 그런 다음 자신의 소셜 네트워크에 자신의 몸무게는 얼마나 빠졌으며 어디로 여행 갔는지 등 새로운 소식을 추가했다. 그녀는 정교하게 수정한 사진을 소셜 네트워크에 업로드하고 '좋아요' 버튼을 기다렸다.

그녀의 이야기를 들은 내가 웃으며 물었다.

"자신이 이겼다고 생각하나요?" 여학생은 부끄러운 듯 고개를 저었다.

"지금 생각하니 너무 바보 같았어요. 그때는 왠지 모르게 그 사람을 떠나도 내가 잘살 수 있다는 것을 증명하고 싶었어요. 머릿속에 예민한 저울이 있어서 수시로 저와 그 사람을 비교했던 것 같아요."

머릿속의 비교 도구

내 머릿속에도 이런 저울이 있는가? 소셜 네트워크에서 누가 해외여행을 갔거나 연인과의 애정을 자랑하면 자신을 그 사람과 비교하지 않고는 참지 못하겠는가? 왜 우리는 주변 사람과 비교하는 것을 참지 못할까? 이런 행위는 우리에게 어떤 영향을 미칠까? 어떻게 해야 다른 사람의 영향을 받지 않고 나만의 안정적인 행복을 누릴 수 있을까?

사실 사람들은 교류하면서 언제 어디서든 비교한다. 또 우리는 어렸을 때부터 항상 누군가에 의해 비교를 당했다. 부모들은 아이가 어릴 때부터 어느 집 아이가 먼저 걸음마를 시작했고, 말을 하기 시작했는지 비교했다. 학생이 된 후에는 누구의 성적이 좋은지 비교했다. 직장생활을 시작한 후에는 누구의 연봉이 높고, 누가 좋은 회사에 다니는지 비교했다. 은퇴 후에도 사람들은 누가 더 건강하고 어느 집 자녀가 더 효도하는지 비교한다.

이런 현상을 심리학자 레온 페스팅거Leon Festinger는 '사회 비교 Social comparison'라고 했다. 사람들은 모두 비교를 통해 자신을 평가하고 자기를 이해하려는 욕구가 있다. 가령 자신이 성공했다고 할 수 있는지, 능력은 어떤지 알고 싶지만, 객관적인 평가 기준이 없다면 타인과의 비교를 통해 자신을 평가한다. 자신의 소득이 높은지 알 수 없을 때 같은 연령대의 사람과 비교하면 자신의 연봉이 높은지, 돈을 버는 능력이 뛰어난지 대략 알 수 있다. 보통 사회 비교는 다음의 두 가지로 나뉜다.

(1) **상향 비교**: 비교 대상이 나보다 더 나은 상황이다. 이때 '휴, 나는 이 사람과 비교가 되지 않는구나.'라고 생각하면 실망하고 의기소침해진다. 하지만 '저 사람은 참 훌륭하구나, 나도 저 사람을 본받아 계속 노력해야지.'라고 생각하면 희망이 생긴다.

(2) **하향 비교**: 비교 대상이 나보다 못한 상황이다. 이때도 문제를 보는 관점에 따라 상반된 결과를 가져온다. '내가 그런대로 괜찮게 살아가는 줄은 몰랐네. 저 사람들보다 낫구나.'라고 생각하면 기분이 좋다. 하지만 '지금 내가 비참한 생활을 하는 것은 아니지만 앞으로 저 사람처럼 비참해지는 것은 아닐까?'라고 생각하면 걱정이 생기고 우울해진다.

이렇듯 사회 비교는 알게 모르게 우리 심리에 큰 영향을 미친다. 이는 심리학 실험에서도 증명되었다.

스웨덴 예테보리대학교의 연구진은 실험 참가자들에게 가계소득 데이터를 요청하고 자신의 가계소득이 대다수와 비교했을 때 비슷한지, 적은지 아니면 더 많은지 평가하게 했다. 그다음 연구자들은 실험 참가자들에게 전화를 걸어 약간의 상품을 구매할지 문의했다.

연구 결과 자신의 소득이 다른 사람보다 적다고 여긴 참가자(실질 소득이 적은 것이 아님)들은 비생필품을 적게 구매했고, 경제 전반적인 상황을 많이 고려했다. 그런데 생필품의 경우에는 실질 소득이 소비에 영향을 주었고, 자신이 평가한 소득의 많고 적음은 소비에 영향을 주지 않았다.

사회 비교는 어디에서나 있고 우리에게 심리적으로 어느 정도의 충격을 준다. 그렇다면 우리는 어떻게 행동해야 할까? 비교하지 않는 것은 가능할까? 어떻게 해야 비교의 영향을 받지 않을까?

방법 1. 타인이 아닌 나 자신과 비교하기

첫 번째 방법은 자신에게 집중해서 다른 사람이 아닌 자신과 비교하는 것이다. '뛰는 놈 위에 나는 놈 있다'라는 말이 있다. 나보다 돈이 더 많고 더 똑똑하고 더 능력 있는 사람들은 언제나 많다. 그런데 나의 행복과 즐거움을 다른 사람을 기반으로 한다면 영원히 다른 사람에게 끌려다닌다. 나의 바람도 다른 사람과 비교하면서 점점 더 커진다. 매일 BMW를 타고 출퇴근하고, 큰 평수의 아파트에 살아도 만족하지 못할 수 있다. 내가 사는 곳 근처에 다른 사람은 별장을 소유했고, 우리 집보다 두 배 큰 집에서 살며, 문 앞에 마세라티와 페라리가 서 있기 때문이다. 이를 비교하면 자신이 초라하고 보잘것없는 사람이라고 느끼게 된다.

따라서 외부와 비교하면 영원히 끝이 없고, 점점 더 커지는 기대치 때문에 만족을 느끼지 못하게 된다. 자신의 주의력을 통제하고 자신에게 시선을 돌려야 한다. 우리는 자기 자신과 비교해야 한다.

> 하루 전의 나, 한 달 전의 나, 1년 전의 나와 비교하면
>
> 현재의 나는 과거보다 돈을 더 많이 벌고 있을까, 그 반대일까,
>
> 나의 삶은 더 행복해졌는가, 아니면 더 불행해졌는가.

이런 비교 방식으로 자신의 상황이 좋은 방향으로 발전하고 있는지 판단해야 감정에 끌려다니지 않는다. 이 말이 영혼을 위로해주는 닭고기 수프나 먹고, 현실을 있는 그대로 받아들이고 만족하

라는 것이 아니다. 오히려 자기를 인식할 때 정확한 좌표계를 세우길 바란다. 맹목적으로 자신과 다른 사람을 비교하며 다른 사람보다 나으면 기뻐하고, 다른 사람보다 못하면 의기소침해할 필요가 없다. 이는 상황이 나아지는 데 실질적인 도움이 전혀 되지 않는다.

자신의 체계 안에서 수직 비교를 하자. 오늘의 나는 어제보다 더 발전했는지, 올해의 나는 작년보다 더 나아졌는지, 과거의 결점이 개선되었는지가 중요하다. 그래야 외부의 평가에 방해받지 않고 객관적으로 자신을 대하고 또 그래야 진짜 자신감과 보람을 느낄 수 있다.

방법 2. 무엇을 비교할 것인가?

두 번째는 비교를 다르게 받아들이는 것이다.

'기쁨'은 무엇이 부족한지가 아니라 무엇을 소유했는지에 달려 있다. 생각해 보자. 당신은 무엇을 소유했는가? 건강한 몸, 출근할 곳이 있는 직장, 이런 것들은 삶의 굉장한 선물이다. 수시로 자신의 삶을 돌보고, 삶 속에서 작지만 확실히 실현 가능한 행복에 집중하자. 비가 온 후 방으로 들어오는 햇살, 낯선 사람의 미소만으로도 마음이 편안해지지 않는가?

일상에서의 소소한 행복을 많이 관찰하고 기록하는 것은 어떨까? 감사의 일기를 써서 매주 나에게 감동을 주거나 나를 도와준 다른 사람에 대해 기록해 보자. 연구에 따르면 감사의 일기를 쓴 사람은 삶에 더 만족하고 미래에 더 낙관적인 태도를 지니는 것으로 나타났다. 자신에게 확신이 들수록 사회 비교의 영향을 쉽게 받지 않는다.

Tips 쓸모 있는 심리학 산책

페스팅거는 사회 비교 이론 외에 '인지 부조화(Cognitive dissonance) 이론'도 제시했다. 인지 부조화는 단순히 마음과 다른 말을 하는 것이 아니다. 보수가 매우 적은 일을 하고 나서 사실은 그 일을 좋아한다고 입장을 바꾸는 현상이 이에 속한다. '내가 그 일을 좋아하지 않았더라면 어떻게 그렇게 적은 보수를 위해 그 일을 했겠어?'라고 자신을 설득시키기 때문이다. 이 이론 역시 비교를 기반으로 하지만, 다만 다른 사람이 아닌 자신이 다른 일을 할 때의 상황과 비교한다. 이는 물건을 판매할 때도 무시하지 못할 역할을 한다. 사람들이 작은 증정품을 받기 위해 돈을 더 많이 쓰기도 하는데, 지출하는 것과 얻는 것이 비례하지 않으면, 그 행위에 대해 자기 합리화를 하고 인지 부조화가 일어난다.

Point 미국 32대 대통령 루스벨트는 "비교하는 마음은 즐거움을 빼앗아 가는 도둑이다."라고 말했다. 사회 비교가 어디서나 존재하는 오늘날, 가장 우아한 승리는 '비교하지 않는 것'이다. 자신에게 없는 것을 바라보는 것보다 자신이 이미 소유한 것으로 시선을 돌리는 것이 낫다. 왜냐하면, 나의 행복은 다른 사람과 무관하기 때문이다.

🙂 생각해 보기

과거에 비교했던 일 중에서 지금 생각하면 황당한 것이 있나요? 과거의 자신에게 어떤 충고를 하고 싶나요?

[감사의 일기 예시]

나는

오늘 있었던 기쁜 일은

왜냐하면

그래서 이런 수확이 있었다.

내가 특히 감사하는 사람은

왜냐하면

그 사람을 위해 해 주고 싶은 것은

지금 내가 소유한 것은

아주 행복한 일이었다.

왜냐하면

그래서 다른 사람과 공유하고 싶다.

'나'라는 친구와
잘 지내는 법

관계의 불안에서 반려자, 가족, 친구 등 사회적 관계에 놓인 사람들과 잘 지내는 방법을 살펴보았는데, 사실 가장 중요한 관계는 '나 자신과의 관계'이다. 나 자신과의 관계를 원활히 해야 한다고 하면 '자신과 잘 지내는 것이 뭐가 어려운가?'라는 의문이 들 것이다. 이 의문에 답하기 전에 심리학 실험을 하나 소개하고자 한다.

우선 당신이 한 실험에 참여했다고 가정해 보자. 실험의 첫 단계에서 당신은 다양한 자극을 체험한다. 유쾌한 자극도 있지만, 전기 충격 등 불편한 자극도 있다.

실험의 두 번째 단계에서 당신은 넓은 방으로 들어가서 혼자

10분에서 20분 정도 대기한다. 그 시간 동안 당신은 멍하게 있어도 되고 공상에 빠져도 되며 하고 싶은 대로 해도 된다. 또 전기 충격을 포함해 첫 단계에서 체험한 자극을 체험해도 된다. (그 시간 동안 당신은 무엇을 할 것인가? 자신에게 전기 충격을 가할 것인가? 대부분은 그러지 않으리라 생각한다.)

이 실험은 미국 버지니아대학교 교수 티모시 윌슨Timothy Wilson이 실제로 진행한 실험으로, 그는 2014년 《사이언스》에 관련 연구 논문을 실었다. 연구진은 사람들이 전기 충격을 매우 불편하게 생각하면서도 4분의 1에 해당하는 여성과 3분의 2에 해당하는 남성이 최소 한 차례 자신에게 전기 충격을 가했다는 사실을 발견했다. 심지어 피험자 한 명은 15분이라는 짧은 시간 동안 자신에게 전기 충격을 190회 가했다.

혼자 있어도 외롭지 않게

아주 놀랍지 않은가? 왜 어떤 사람들은 아무것도 하지 않고 자신과 조용히 있는 것을 싫어할까? 왜 자신에게 고통을 줄지언정 자신과 함께 있는 것을 원하지 않을까? 하지만 또 어떤 사람들은 혼자 있을 때의 자유와 여유를 즐긴다. 책을 보거나 차를 마시거나 아무 생각 없이 편하게 있으면 이보다 더 만족스러울 수가 없다. 혼자 있을 때 어떤 사람은 고독을 참을 수 없고, 어떤 사람은 홀가분하게 자유를 만끽한다.

그렇다면 어떻게 해야 혼자 있는 시간을 품위 있게 즐길 수 있을까?

더 깊이 알아보기 전에 우선 '혼자 있는 것'과 '고독'의 개념부터 짚고 넘어가자. '혼자 있는 것'과 '고독'은 어떤 차이가 있을까, 혼자 있으면 반드시 고독할까?

현재 심리학계에 '혼자 있는 것'에 대한 통일된 정의는 없다. 하지만 '혼자 있다는 것'은 기본적으로 '외부와 상호 활동이나 소통 없이 커다란 유리 덮개에 덮인 것처럼 다른 사람과 분리되어 있으며, 의식과 생각 역시 다른 사람과 무관하게 개인의 세계에 빠진 것'을 주요 특징으로 한다.

이런 상태는 혼자 있을 때나 사람들과 함께 있을 때 모두 일어날 수 있다. 파티에 참석했다고 생각해 보자. 많은 사람이 당신 앞을 왔다 갔다 하고 대화를 나누며 교류하지만, 혼자 구석에 숨어 있다면 이 역시 혼자 있는 것이다.

그런데 자신이 원해서 혼자 있을 때도 있지만 어쩔 수 없이 혼자 있을 때도 있다. 이 두 상황은 사람들에게 각기 다른 영향을 준다. 자발적으로 혼자 있을 때는 긍정적인 경험을 한다. 하지만 어쩔 수 없이 혼자 있을 때는 부정적인 경험을 하고 나아가 우울감을 느끼기도 한다.

이제 '혼자 있는 것'과 '고독'의 차이가 어렴풋이 느껴질 것이다. '혼자 있는 것'은 객관적인 상태이지만 '고독'은 혼자 있을 때 경험하는 감정 중 하나다. 감정 중 하나라고 말한 것은 어쩔 수 없이 또는 비자발적으로 혼자 있을 때 경험하는 감정이 외롭고 무료해서 누군가를 찾아 함께 시간을 보내길 원하는 고독과 비슷하기 때문이다. 하지만 자발적으로 혼자 있을 때는 사회생활에서 고립된 것처럼 보이지만 고독을 느끼지 않고 오히려 만족해한다. 이때 혼자 있는 것은 고독을 유발하는 것이 아닌 많은 사람이 추구하는 상태다.

생물학자 찰스 다윈Charles Darwin은 혼자 있는 것을 아주 좋아하는 사람이었다. 그는 매일 혼자 서재에서 여섯 시간 동안 있다가 작은 숲을 거닐었다. 이렇게 혼자 있는 시간은 찰스 다윈이 세상과 자연을 생각하는 데 무척 도움이 되었고, 그런 생각들을 기반으로 하여 그는 『종의 기원』을 완성했다.

혼자 있다고 해서 반드시 고독을 느끼는 것은 아니다. 중요한 것은 혼자 있을 때 더욱 건설적이고 우아하게 시간을 보내는 방법을 알고, 비자발적으로 혼자 있을 때 고독을 느끼지 않는 것이다.

이 두 가지 상황에 대해 구체적인 방법을 제시하고자 한다.

방법 1. 품위 있는 나만의 시간 계획하기

'건설적으로 혼자 있는 법'에 대해 알아보자. 자발적으로 혼자 있을 때는 계획을 잘 세워서 품위 있는 혼자만의 시간을 만들어야 한다. 혼자 있을 때 하고 싶은 대로 나를 내버려 둔 경험은 누구나 다 있을 것이다. 그러다 시간을 헛되이 보냈다는 생각이 들면 인생을 낭비했다고 자책하며 깊은 외로움에 빠진다. 이것은 낮은 수준으로 혼자 있는 방식이다. 혼자 있지만 적막감이 두려워 자신과 함께 있지 않고 다른 나태한 방식으로 시간을 보낸다. 자신과 대화하지 않고 마음의 소리를 경청하지 않는다.

그럼 품위 있게 나만의 시간을 보내려면 어떻게 해야 할까?

간단히 말하면 자신과 성심성의껏 교류하고 자신의 진짜 모습을 마주하는 것을 두려워하지 않는 것이다. 가깝지만 오랜 시간 만나지 못한 친구와 만난다고 상상해 보자. 누구의 방해도 받지 않을 가장 마음에 드는 장소를 고른다. 당신은 또 그가 잘 지냈는지 알고 싶고, 공유하고 있는 추억과 미래 계획을 이야기하고 싶을 것이다. 다만 이 친구는 다른 사람이 아니라 바로 바쁜 일상 속에서 조금씩 잊어간 '자기 자신'이다. 자, 지금부터는 '나'와 함께 어떤 품위있는 시간을 보내면 좋을까?

혼자만의 시간 경험하기

혼자 훌륭한 경험을 할 기회를 만들어 보자. 꾸준히 혼자 있는 시간을 보내면 명상이나 혼자 산책하기 또는 카페에서 혼자 커피 음미하기, 아무것도 하지 않기 등 혼자 지내는 능력이 생긴다. 아무것도 하지 않을 때 자신과 함께 생각에 빠지면 떠올랐다가 가라앉거나, 이어졌다 끊어지는 여러 생각이 자신을 데리고 시공간을 뛰어넘어 과거의 사람과 일을 추억하고 미래의 여러 가지 가능성에 환상을 품게 한다. 이때의 당신은 자유롭다. 실리적으로 따지면 그런 행동은 아무것도 얻을 수 없지만 마음의 평온과 평화를 가질 수 있는 가장 아름다운 시간이다.

미션 정하기

또 계획을 세워서 고독한 상태에 들어갈 준비를 하는 방법도 있다. 예를 들어 글을 써 보거나 달리기를 할 수 있고, 일찍 일어나 일출을 보거나 자신을 위한 특별 메뉴를 만들어 볼 수 있다. 미션을 명확히 정하면 자율성을 유지할 수 있고, 고독함 속에서 느끼는 통제 불능감에 대항하고 할 일이 없어 공허함에 빠지는 상황을 피할 수 있다.

[품위 있는 나만의 시간 계획하기]

방법 2. 고독을 품고 자신과 연애하기

원치 않게 혼자 있게 된 상황을 살펴보자. 코로나 바이러스 때문에 자가 격리되는 등 어쩔 수 없이 혼자 있게 되면 고독을 느낀다. 이런 경우 어떻게 해야 할까?

고전 소설 『제인 에어』의 여주인공은 이렇게 말한다.

279

"더 고립될수록, 친구가 더 줄어들수록, 더 인정받지 못할수록 나는 나 자신을 더 존중할 것이다

(The more solitary, the more friendless, the more unsustained I am, the more I will respect myself)."

그럼 어떻게 해야 자신을 존중할 수 있을까? 나는 자신과 연애해야 한다고 생각한다. 누군가를 사랑하면 그 사람과 무엇을 할지, 그 사람이 무엇을 좋아하는지와 같은 생각이 머릿속을 가득 채운다. 이런 식으로 자신과 연애를 해 보자.

예를 들어 '자신'을 사랑하는 상대로 여기고 그 사람의 취미가 무엇인지 생각해 볼 수 있다. 또 그 사람을 위해 깜짝 선물을 준비할 수도 있고 아름답고 재미있는 일을 함께해 볼 수도 있다. 이렇듯 역할을 바꿔 생각해 보면 다양한 사물을 접하고 경험해 볼 동기가 생기고 혼자 있는 시간이 아름답게 느껴진다.

또 사랑에 빠진 우리는 '그 사람이 오늘 기쁠까?', '마음에 고민이 있을까?'처럼 상대의 기분이나 상태에 각별한 관심을 보인다. 마찬가지로 나 자신과 연애할 때도 자신의 감정과 상태를 섬세하게 관찰하고 이해하여 제때 위로해 주고 기분전환을 시켜 주자. 그러면 자신과 함께 있는 모든 순간이 기쁨으로 충만해진다.

실험에 참여한 사람들은 다른 일을 할 수 있음에도 불구하고 왜 자신에게 전기 충격을 가했을까? 불합리해 보이는 이 연구는 사회심리학자 티모시 윌슨의 연구진이 실제로 시행했다. 그들은 11개의 연관 실험을 진행했고 그 결과를 권위 있는 학술지 《사이언스》에 발표했기 때문에 신뢰도는 상당히 높다.

티모시 윌슨은 잠재의식이 인간의 결정과 문제 해결에 미치는 영향을 장기간 연구했다. 그의 연구 결과는 사람의 '생각'은 어느 정도 제어되어야 한다고 알려준다. 의식이 제어되지 않았을 때 잠재의식은 자신에게 전기 충격을 가해서 아픔을 초래하는 등 이상한 행동을 한다. 티모시 윌슨의 후속 연구 결과, 일부 사람들은 즐거운 일을 생각하도록 특별히 유도하지 않는 이상, 어떤 일이든 자유롭게 생각할 수 있어도 즐거운 일을 생각하지 않는다. 이 역시 사람들의 생각이 특별하다는 것을 설명한다.

Point 마지막으로 하고 싶은 말이 있다. 혼자 있는 것은 일종의 능력으로 천천히 키워나가야 한다. 만약 혼자 있는 것이 너무 외롭고 고독을 견딜 수 없다면 자신을 압박하기보다는 적절한 때에 포기하고 함께할 수 있는 짝을 찾아야 한다. 이것 역시 고독에 대처하는 방식이다.

장자(莊子)는 "독유지인, 시위지귀(獨有之人 , 是謂至貴)."라고 하여 '홀로 존재할 수 있는 사람을 지극히 귀한 사람'이라고 했다. 여기서 '독유(獨有)'는 독립적이고 자기 자신과 화목하고 자신만으로도 완벽해질 수 있는 상태, 즉 자신과 지내는 법을 안다는 뜻이다. 자신과 잘 지내지 못하는 사람은 다른 사람과도 잘 지내지 못한다. 혼자 지내는 법은 능력이므로 훈련이 필요하다.

☺ 생각해 보기

혼자 있었던 경험이 있나요? 어떤 경험이었는지 떠올려 보세요.

불안과 작별하고
행복해졌습니다

다른 사람이 볼 때 나는 행복한 사람이다. 그들은 내가 편한 길을 걸어왔고 가정과 하는 일이 원만하다고 생각한다. 내가 행복한 사람임을 부인하지는 않지만, 나의 관점은 조금 다르다. 행복이란 밖에서 오는 것이 아니라 마음 상태에서 비롯되어야 한다고 생각하기 때문이다. 여기서 말하는 마음 상태란 현 상황에 만족하고, 자신이 부족하거나 어떤 일을 잘하지 못할까 봐 걱정하지 않는 상태다.

내가 이렇게 자랄 수 있었던 것은 가정환경의 영향이 크다. 나의 아버지는 아주 단순한 분이셨다. 우수한 연구자였던 아버지는 업무 면에서는 뛰어난 실적을 자랑하셨다. 하지만 일 말고는 좋아하는 것이 없었는데 기껏해야 생선과 과일을 사서 모두와 함께 나눠 먹는 정도였다. '모두'와 나눈 이유는 너무 많이 사기 때문이다. 그래서 외할머니, 삼촌, 이모 몫까지 나누기에도 충분할 정도였다. 아버지를 삶을 보면서, 머릿속으로 무엇을 얻을 수 있을지 계산하고 고심하는 것이 아니라 좋아하는 일을 하는 것이 바로 행복임을 깨달았다.

아버지는 뇌종양을 앓았던 적이 있었는데 한때는 상황이 매우 안 좋았지만 다행히 수술 후 건강을 꽤 회복하셨다. 그런데 건강을 회복한 아버지는 어머니와의 오붓한 시간보다는 일터로 돌아가셨다. 나는 한편으론 아버지를 이해할 수 없었지만 어머니에게 이렇게 말했다.

"아버지가 일을 사랑하시잖아요. 그래서 전 아버지를 지지해요."

이처럼 좋아하는 일을 하면서 살아야 한다는 생각이 지금의 나를 만든 것 같다. 나와 같은 성장 환경이 아니라고 해서 행복할 수 없고 불안한 인생을 살아야 한다는 뜻은 절대 아니다.

행복과 불안은 사실 종이 한 장 차이다. 그 핵심은 어떠한 일을 얼마나 지배하고 있다고 생각하는가이다. 좋아하는 일을 하면 그 일을 더 잘하게 되고 자신감이 더 붙고 행복도 자연스레 찾아온다. 하지만 잘 해낼 수 없다고 생각하거나, 노력이 반드시 원하는 결과로 이어지는 것은 아니라고 여기면 불안과 초조함을 피할 수 없다.

언제나 내게 행운이 따랐다고 생각하지 않는다. 나도 막막하고 불안하고 어디로 가고 있는지 방향을 모를 때가 많았다. 돌이켜 보면 대학 시절이 내 인생에서 가장 막막함을 느끼던 시기였다. 그때는 감정 관계를 해결하지 못해서 학업도 엉망이었다.

나는 너무 많은 것을 생각하지 말고 추진해야 변화가 일어난다는 것을 몸소 체험했다. 많은 사람이 지나칠 정도로 불안해한다. 잘 해내지 못할까 봐 걱정하고, 실패할까 봐 걱정해서 한 발자국도 앞으로 나아가지 못한다. 하지만 도전한다면 설령 실패로 끝나도 무언가를 얻을 수 있다.

대학에서 강의하면서 막막해하고 불안해하는 학생들을 많이 만나 봤다. 그들은 자신이 무엇을 좋아하는지, 이성을 어떻게 사귀어야 하는지, 앞으로 어떻게 살아가야 하는지 잘 모른다. 사실 대학생뿐 아니라 내 친구들도 전염병을 걱정하고 어느 날 갑자기 일자리가 없어질까 봐 걱정한다. 일을 해도 걱정에 휩싸여 즐겁지 않다. 이직을 하고 싶어도 부동산 대출금, 자동차 대출금, 아이 양육비 등 경제적 문제가 뒤따른다. 노년이 되어도 고민은 많다. 자신이 자녀에게 부담이 될까 봐 걱정스럽고, 하루하루 의미 없는 세월을 보낼까 봐 두렵다.

생각을 너무 많이 하지 말고 긍정적이고 적극적인 태도로 행동하면 변화가 찾아온다. 그런데 사람들은 여전히 어떻게 해야 하는지 모르고, 어떻게 해야 할지 알아도 앞으로 나아가지 못한다. 왜냐하면 변화를 준다는 것은 매우 어려운 일이므로 어떻게 변화를 줄지 고민하는 것보다, 현재 상황에 만족하라고 자신을 설득하는 쪽이 편하기 때문이다. 그들은 어쨌든 불행해 봤자 다 비슷하다고 생각한다.

나는 이 책을 통해 해결책을 최대한 구체화하여 쉽게 따를 수 있도록 했다. 이 책의 독자들이 실천하고 행동으로 옮겨 자신의 인생을 변화시키길 바란다. 아무리 많은 이치라도 자신의 삶에 적용하지 못하면 실질적인 영향을 주지 못한다.

여기에 소개된 실용적이고 소소한 해결 방법으로 독자 여러분의 삶에 존재하는 크고 작은 불안을 해소해 하루라도 빨리 불안과 작별하고 행복을 맞이하길 진심으로 바란다.

반성하는 자가 서 있는 땅은
가장 훌륭한 성자가 서 있는 땅보다 거룩하다.

탈무드

적절한 놀람이 좋은 충고보다 더 요긴하다.

호위

아직 아무도 지나치게 소박한 생활을 했다고
후회하는 사람은 없다.
톨스토이